泛|在|物|联| |一|站|多|能|

智慧综合能源站
融合技术
及运营模式

浙江华云电力工程设计咨询有限公司　组编

中国电力出版社

CHINA ELECTRIC POWER PRESS

内 容 提 要

本书在国家电网有限公司提出的《泛在电力物联网建设总体方案》基础上，进一步提出以变电站为依托、以服务客户为驱动，通过供电区域内的多种资源、主体的融合，使得电网企业业务由单一供电向能源综合服务转变。

本书首先定义智慧综合能源站概念，提出建设总体框架，包括建设目标、框架设计、模块划分及融合技术；围绕变电站、储能、光伏发电、超级充电、数据中心等五大功能模块，构建智慧综合能源站一体化系统，介绍智慧综合能源站信息全面感知、综合监控与运营系统、通信构架、全景安全等关键技术及运作机理；明确智慧综合能源站三维数字化设计与模块化建设理念，提出两个典型方案，探讨智慧综合能源站的运营模式及商业模式，以期为关注和研究智慧综合能源站发展的各界人士提供借鉴和参考。

本书适合能源电力行业尤其是电网企业从业者、国家相关政策制定者、科研工作者、高校电力专业学生参考使用。

图书在版编目（CIP）数据

智慧综合能源站融合技术及运营模式 / 浙江华云电力工程设计咨询有限公司组编. —北京：中国电力出版社，2019.9（2021.2 重印）

ISBN 978-7-5198-3637-5

Ⅰ.①智… Ⅱ.①浙… Ⅲ.①电网—运营—研究—中国 Ⅳ.① F426.61

中国版本图书馆 CIP 数据核字（2019）第 189598 号

出版发行：中国电力出版社
地　　址：北京市东城区北京站西街 19 号（邮政编码 100005）
网　　址：http://www.cepp.sgcc.com.cn
责任编辑：崔素媛（010-63412392）
责任校对：黄　蓓　常燕昆
装帧设计：赵姗姗
责任印制：杨晓东

印　　刷：北京博图彩色印刷有限公司
版　　次：2019 年 9 月第一版
印　　次：2021 年 2 月北京第二次印刷
开　　本：710 毫米 ×1000 毫米　16 开本
印　　张：13.75
字　　数：185 千字
印　　数：3001—4500 册
定　　价：68.00 元

编 委 会

序

在新一轮能源革命背景下，国家电网有限公司提出"三型两网、世界一流"的战略目标，顺应我国能源革命和数字革命融合发展的趋势，建设以电为中心的泛在互联智慧能源网络，有助于构建清洁低碳、安全高效的能源体系，是实现我国"两个一百年"奋斗目标的又一壮举。

21世纪是信息革命时代，互联网技术的不断发展和成熟，以及物联网、大数据、云计算的发展完善，为电力行业智能化发展打下了坚实的基础。"三型两网、世界一流"战略目标的提出，更好地顺应和引领这一趋势，推动电力行业健康、快速发展。国家电网有限公司秉承开放、合作、共赢的理念，建设"多能合一"智慧综合能源站是实现战略目标的一项重要落地工程，能更好地支撑电源并网和新能源消纳，提供综合能源服务，满足人民美好生活的需要。

目前，国内外关于智慧综合能源站融合技术及运营模式的研究主要停留在概念、理论层面，实际工程应用较少。本书作者试图与读者介绍、分享智慧综合能源站的建设理念、融合技术、运营模式，给出智慧综合能源站各功能模块的基本功能、关键技术、耦合机理及其设计思路。希望通过本书的出版，能够为国家相关主管部门、电力及其他能源行业从业者、智慧综合能源站建设管理和运营人员以及科研工作者提供参考、启发思路。

国网浙江省电力有限公司总经理

前　言

"泛在电力物联网"的提出，要求电力网建设成为可以贯通能源汇聚、传输、转换、利用全链条的综合性能源网络。变电站是电网企业的核心设备，在承担转换的基础上，将变电、储能、光伏、充电、信息通信等多种技术进行有效耦合，可实现电力企业由传统供电业务向综合能源业务的自然延伸，实现能源供应层、传输层、需求层的全景良性互动和共赢。由于技术组成的资源、功能及体系构成不同，导致各模块耦合关系很弱，因此，如何实现"多能合一"智慧综合能源站技术融合及运营模式是构建"泛在电力物联网"的关键。

随着互联网、大数据、云计算等技术及现代能源资源的发展，大力开发综合能源服务产业，降低资源及用能成本，建立环保低碳、友好互动、经济可行的市场交易机制，将会为社会经济发展创造多方面价值。智慧综合能源站的建立有助于提升综合能源耦合技术，扩大供电企业售电市场，提供更优质全面的服务，拓展业务范畴，带动能源服务的发输供配用全链条产业全面发展，培育市场新形态、新业态，顺应十九大提出的"推进能源生产和消费革命，构建清洁低碳、安全高效的能源体系"的新时代能源发展目标和使命。

本书系统、深入地阐述了智慧综合能源站多模块的融合技术、典型设计方案及运营模式，共分为 7 个章节。第 1 章介绍了泛在电力物联网建设的大背景以及智慧综合能源站建设的客观要求，并展望了其发展前景；第 2

章提出智慧综合能源站总体框架，提出了建设目标、框架设计、模块划分及融合技术；第 3 章重点介绍了包括变电站、储能、光伏发电、超级充电、数据中心五大模块的基本功能、关键技术；第 4 章从信息全面感知、综合监控与运营系统、通信构架、全景安全等四个维度，介绍智慧综合能源站一体化融合建设的耦合技术及实现机理；第 5 章提出智慧综合能源站三维数字化设计技术和模块化建设技术的基本内涵与实施思路；在此基础上，第 6 章从实际出发，给出智慧综合能源站城市型、郊区型两种典型设计方案；第 7 章开放性地探讨了智慧综合能源站的运营模式，为投资方提供参考。

按照国家电网有限公司 2019 年"两会"工作部署，围绕"三型两网、世界一流"建设目标，助力国网泛在电力物联网建设，浙江华云电力工程设计咨询有限公司和南京南瑞继保电气有限公司联合开展智慧综合能源站设计方案与关键技术研究工作，提出适合城市和郊区实际情况的 220kV 变电站、储能站和数据中心站等"多站合一"的融合方案。

目前国内外关于智慧综合能源站融合技术及运营模式的研究资料较少，涉及应用的更少，能适应技术发展急切需要的更是少见。同时，有关综合能源服务领域的许多问题尚在研究和探讨之中，希望本书研究内容对相关领域的工作有所帮助和促进。限于技术及经验水平，本书内容有不到和不妥之处，恳请读者见谅并予以指正！

编者

2019 年 7 月

目　录

CONTENTS

第 7 章　运营模式创新探讨

CHAPTER　7

参考文献

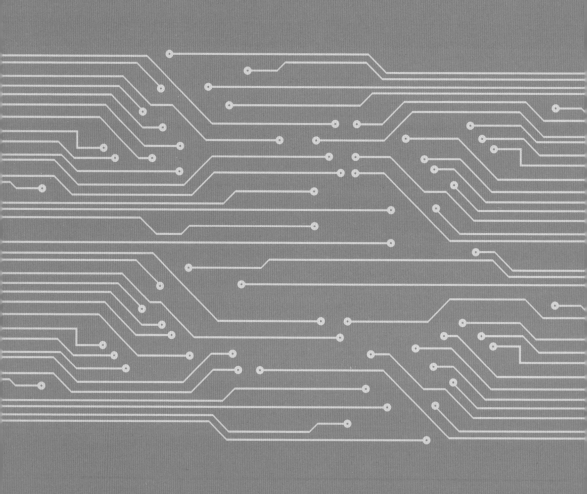

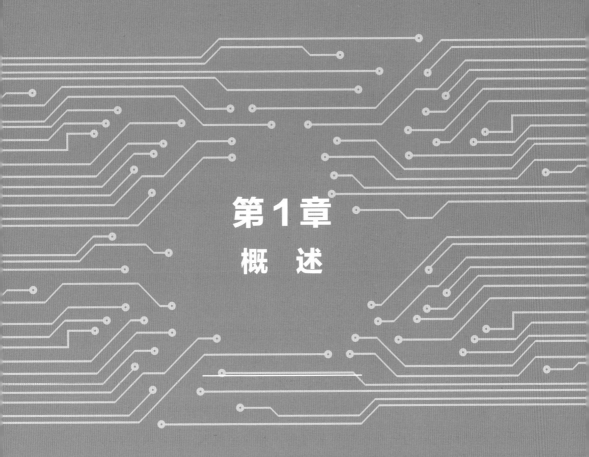

第1章

概　述

1.1 泛在电力物联网建设现状及发展

麻省理工学院的 Kevin Ashton 在 1998 年首次提及将 RFID 技术（射频识别技术）和其他传感器技术应用到日常物品中构造一个物联网，第二年建立了 Auto-ID center，更清晰地描述了物联网的应用。随之，采用 RFID 技术无线接入互联网，使得从剃须刀到欧元纸币再到汽车轮胎等数百万计的物品能够被持续跟踪和审计。

从全球层面而言，电力行业认为"物联网"是一个实现电网基础设施、人员及所在环境识别、感知、互联与控制的网络系统，其实质是实现各种信息的传感设备与通信信息资源（互联网、电信网甚至电力通信专网）的结合，从而形成具有自我标识、感知和智能处理功能的物理实体。实体之间的协同和互动，使得有关物体相互感知和反馈控制，形成一个更加智能的电力生产、生活体系，从而衍生出泛在智能电网——基于通信技术的全业务泛在电力物联网。

2019 年，国家电网有限公司"两会"做出全面推进"三型两网"建设，加快打造具有全球竞争力的世界一流能源互联网企业的战略部署，是网络强国战略在公司的具体实践，是落实中央部署、发挥央企带头作用的重要举措，是适应内外部形势和挑战的必然要求。

国家电网有限公司进一步明确泛在电力物联网建设总体目标，提出泛在物联网在电力行业的具体表现形式和应用落地，将电力用户及其设备、电网企业及其设备、发电企业及其设备、供应商及其设备以及人和物连接起来，产生共享数据，为用户、电网、发电、供应商、政府和社会服务。以电网为枢纽，发挥平台和共享作用，为全行业和更大市场主体发展创造更大机遇，提供价值服务。

因此，建设泛在电力物联网为电网运行更安全、管理更精益、投资更精准、服务更优质开辟了一条新路，同时也可以充分发挥电网独特优势，开拓数字经济这一巨大蓝海市场。

1.2　综合能源服务现状及发展

随着"第三次工业革命"对能源带来的巨大冲击，具备可再生、分布式、互联性、开放性、智能化特性的综合性能源系统必将成为未来电网发展的必然趋势。综合能源服务在能源系统终端能较好承载"物联网+"的业务，其以智慧综合能源站为载体，实现电力物联网的技术创新和商业模式创新，一方面能够更好地满足客户多元化需求，另一方面可以为综合能源服务商创造巨大的"价值增量"。

传统的综合能源服务以实现能源高效利用为目标，其服务模式源于20世纪70年代中期的美国，主要基于对已建项目进行节能改造，推广利用热电联供、光伏、热泵、生物质等可再生能源。2001年，为了进一步提高社会供能系统的可靠性和经济性，美国提出综合能源发展计划，目标是提高清洁能源供应与利用的比重。2012年，美国加大专项经费的支持，将智能电网列入美国的国家战略。

欧洲是最早提出综合能源系统并付诸实施的地区，开展了很多有关能源协同优化的研究，如ENERGIE项目、Microgrids and More Microgrids（FP6）、Trans European Networks（FP7）、Intelligent Energy（FP7）、E-Energy等。其中E-Energy项目由德国提出，也是欧洲开始进行综合能源服务模式的标志，该项目集成新型信息通信技术，实现区域内复杂的用户终端负荷、智能家居、储能设备的有序调控。现如今，随着互联网、大数据、云计算等技术的出现，融合清洁能源与可再生能源的微电网技术开始诞生，大幅度提升能源利用效率，并实现可再生能源规模化开发，其服务模式也被认为是综合能源服务模式的开端，并以此为基础各国根据自身需求制定了适合自身发展的综合能源发展战略。

2014年6月13日，中央财经领导小组第六次会议提出：要推动能源消费革命，抑制不合理能源消费；推动能源供给革命，建立多元供应体系；推动能源技术革命，带动产业升级；推动能源体制改革，打通能源发展快车道；全方位加强国际合作，实现开放条件下的能源安全。2015 年 3 月 5 日的政府工作报告中提到：要制定"互联网 +"行动计划，推动移动互联网、云计算、大数据、物联网与现代制造业的结合。标志着我国开展综合能源服务模式的正式开始。为继续推动综合能源服务，据不完全统计，国务院"第十四个五年计划"共出台 9 项文件，全力支持综合能源服务相关研究与发展。截至目前，我国开展能源服务的企业类型包括售电公司、服务公司和技术公司等，国内典型的综合能源服务供应商有南方电网综合能源有限公司、广东电网综合能源投资有限公司、华电福新能源股份有限公司、远景能源科技有限公司等。华润电力控股有限公司、科陆电子科技股份有限公司等都在向综合能源服务转型。2016 年 11 月，国内第一个发、配、售电一体化项目，即深圳国际低碳城分布式能源项目参与配售电业务获批，也在向综合能源服务转型。区域能源互联网概念目前较为热门，其实质是在多能互补基础上的综合能源服务，其发展路径可分为两类：一类是产业链延伸模式，如新奥、协鑫和华电的发展模式：新奥是以燃气为主导，同时往燃气的深度加工——发电、冷热供应方向发展；协鑫以光伏、热电联产为主导，同时往天然气、智慧能源布局。另一类是售电 + 综合服务模式，是将节能服务或能效服务等增值业务整合在一起的能源服务，相比于前一种模式其对产业基础要求较低。

综上可以看出，智慧综合能源站是进行综合能源服务模式的核心，更多的企业是针对综合能源服务模式的概念、结构及其布局开展挖掘，很少针对智慧综合能源站融合技术及运营模式进行研究，也没有具体的、实际的、具有针对性的技术及策略。因此，智慧综合能源站融合技术及运营模式的研究愈加重要。

1.3　智慧综合能源站建设客观需求

国家电网有限公司《泛在电力物联网建设总体方案》明确提出：泛在

电力物联网与坚强智能电网相互渗透和深度融合,贯通能源汇聚、传输、转换、利用全链条,是建设世界一流能源互联网企业的重要物质基础,是与智能电网协同并进、相辅相成、融合发展的,具有智慧化、多元化、生态化特征的公司"第二张网"。

变电站是电网企业的核心资源,在承担电力输配和地区电力供应方面发挥着重要的枢纽作用。依托广泛分布的变电站,建设由变电站、储能、超级充电、光伏发电、数据中心等多种功能模块集成的智慧综合能源站,是泛在电力物联网的关键组成部分。智慧综合能源,基于电力物联网技术,将从用户终端设备、业务服务、市场等方面为行业带来巨大的变革,实现电网企业由传统供电业务向综合能源业务的自然延伸,可实现电力能源供应方、设备提供方和用户的良性互动与互利共赢,具有良好的发展前景。

用户终端设备的泛在接入将推动能源系统硬件的升级换代。以人们日常应用的通信工具为例,一部智能手机有 10~20 个传感器,而大型工业通信设备的传感器将超过 100 个。如果将传统的能源站、能源输配网络、储能装置、用能设备等改造升级为智慧能源站、智慧能源输配网络、智慧储能装置、智慧用能设备等,并统一接入电力物联网,能源系统将从硬件层面发生根本性的升级换代,向着精密化、自动化、智能化转型。

能源数据资产的激活将带来持续优化的业务价值链。传统能源服务业务重点集中于能源销售、能源基础设施建设、能源站运营维护等。随着能源数据的进一步利用,业务将实现信息化升级,业务价值链将被有效延长。未来,随着数据的深度挖掘,能源系统可进一步实现"自动感知、快速反应、科学决策",业务价值链将得到持续优化。

业务变革与管理升级将加剧产业制高点的争夺。综合能源服务是能源产业和信息产业竞争的焦点。在信息化、平台化的竞争生态中,谁能率先从管道式线性价值链创造转向平台型动态价值网络经营,谁就有望掌握产业生态的主导权。因此,综合能源服务商要由内向外转移管理重心,构建贯穿"数据—信息—知识—智能"的工作流程,并整合资源,改进和优化经营、组织管理方式，构建更高效的服务运营体系，以适应多变的市场，抢占制高点。

客户的驱动力量将引导能源服务市场化升级。每个客户都是一个数据源，当客户的互联互通水平、数据整合与挖掘深度不断提升时，自下而上的客户驱动力将随着客户的不断接入呈现指数级增长。"数字会说话"，能源服务商将能得知客户到底在哪些环节需要怎样的能源服务，从而促进能源服务产业的全面升级。客户也将对能源服务商和能源服务业务拥有更加自由的选择权。

综上所述，开展智慧综合能源站融合技术及运营模式的相关研究工作，是满足国家电网有限公司提出的"三型两网、世界一流"建设目标和电网发展的必然要求。

1.4　智慧综合能源站远景展望

变电站作为电网中枢节点，是电网公司的核心资产，以变电站为核心建设的含储、充、光伏、数据中心多模块融合的智慧综合能源站，是构建"三型两网"的重要研究工作，是探索电网基础设施与客户需求融合发展的技术创新、设计创新、模式创新。

智慧综合能源站模块化设计理念，包括能源站空间融合、设备融合、系统融合、安全融合等技术，目的是提高能源站集约化利用以及服务能力，从建设等方面优化模块组合和布局，确保能源供应的高效、可靠，使得全站设备泛在互联，各级系统一体化融合。同时，为了实现"多站合一"的能源流、业务流、数据流"三流合一"，方案合理、技术先进，还应有以下几个方面需要进一步深入研究，具体如下。

1.4.1　智慧综合能源站融合关键技术

为满足智慧综合能源站全景建模、储能电站快速控制功率等需求，控制的关键技术方面需要进一步研究，智慧综合能源站关键技术见表1-1。

表 1-1　智慧综合能源站关键技术

关键技术领域	关键技术名称
模块划分与融合	系统布置设计技术
	智慧综合能源站全景建模技术
变电站模块	保护就地化
	就地模块
	模块化装配式技术
储能模块	储能电站快速控制功率技术
超级充电模块	V2G 技术
	超级充电模块系统接入
数据中心	模块化数据中心设计
	数据中心智能化管理
信息全面感知	传感器与供能技术
	物联代理技术
智能运营平台	基于大数据和人工智能技术的用能特征分析
	"变储光充数"电能协调优化控制
通信架构	多子网集成技术
	通信融合接入技术
全景安全	网络安全本体安全防护技术
	网络安全行为安全监测技术
	网络安全可信免疫技术
	智慧消防技术
三维数字化设计	三维协同设计
	基于 GIM 的三维建模技术
	三维数字化交付和动态场景展示及运维

1.4.2　智慧综合能源站运营模式

　　智慧综合能源站可实现多种运营模式,以客户需求为导向,优化整体能源布局。在供区范围内运用云储能模式降低投资和用电成本,与公交公司优势互补合建充电站保障绿色出行,提供综合管廊服务助力市政公用建设,为供区内企事业单位提供云计算租用或基础设施托管服务,参与互联网经济，通过电能质量治理服务提升用户体验，探索电动汽车 V2G 倡导共享理念，提供分布式发电接入和运营服务保障新能源消纳，推广综合能源服务提供系统级综合能效。

1.4.3 智慧综合能源站的政策推演

智慧综合能源站试点建设存在三大政策难点。

一是站区红线较常规智能变电站大，一定程度会与现有控制性详细规划存在冲突。

二是按照《输配电定价成本监审办法（修订征求意见稿）》精神，电动汽车充换电服务、电储能设施所用费用属于与电网企业输配电业务无关的费用，不得计入输配电定价成本，一定程度上制约了智慧综合能源站储能模块以及超级充电模块建设，更需新的商业模式支撑。

三是为了智慧综合能源站能够落地，业内需要对其运营模式进行深入的研究，形成电价制定标准、交易模式等研究成果，为政府部门出台相应的政策进行支持。

第 2 章
智慧综合能源站
总体框架

本书所提的智慧综合能源站,是指以变电站模块为依托、以服务客户为驱动,充分应用现代先进技术,融合储能、光伏、充电以及数据中心等模块建设的泛在型能源互联网综合体,具备全息感知能力、泛在连接能力、开放共享能力和融合创新能力,是未来电力输送枢纽、能源服务枢纽、信息共享枢纽,为电网企业由传统供电业务向综合能源业务自然延伸提供物质基础。智慧综合能源站功能定位示意图如图 2-1 所示。

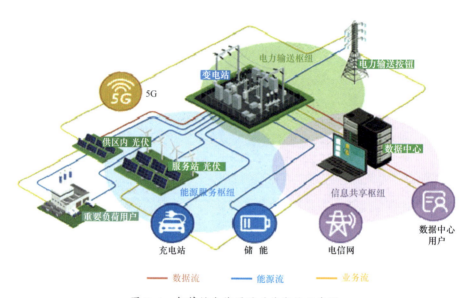

图 2-1　智慧综合能源站功能定位示意图

2.1　建设目标

智慧综合能源站建设要提高全息感知能力,全面提升变电站通信网络资源能力,充分应用低功耗物联网感知、机器人、5G 通信、移动互联、人工智能、大数据分析、三维增强现实等现代先进技术,实现能源站供区内各环节万物全互联、状态全感知、业务全穿透。

智慧综合能源站建设要提高泛在连接能力,以能源站数据中心为载体,实现供区信息全采集、全汇聚、全贯通，成为坚强智能电网与泛在电力物联网的电力流与信息流融合节点；为业务流协同处理、站内和站间数据共享、上层服务应用提供基础支撑，实现电网与上下游企业、客户的全时空泛在互联。

智慧综合能源站建设要提高开放共享能力，通过建设智能运营平台广泛接入供区内分布式发电、重要用户，探索能源站资源共建、共享、共赢的商业新模式，研究"源—网—荷—储"系统控制技术，有效引导削峰填谷，促进可再生能源消纳，降低整体用电成本，推动"两网"深度融合与数据融通，提高管理创新、业务创新和业态创新能力。

智慧综合能源站建设要提高融合创新能力，充分利用能源站资源，降低变电站、储能、数据中心等设施建设成本；能源站业务系统融合，各模块协调控制、资源集约、能耗降低，通过联合运行提高电网和数据中心的可靠性和经济性；充分发挥带动作用，为全行业和更多市场主体发展创造更大机遇，实现价值共创。

2.2 框架设计

智慧综合能源站建设以变电站为依托、以服务客户为驱动，因地制宜构建"源—网—荷—储"协同能源控制区，具备"共建、共享、共赢"的共享经济特征，成为供区内多种资源、多方主体的黏合剂，为电网企业业务从单一供电向能源综合服务的转变提供支撑。

智慧综合能源站建设遵循"1 套基础架构、2 条业务主线、3 个枢纽定位、4 项融合提升、5 个关键模块"的总体框架，智慧综合能源站总体框架图如图 2-2 所示。

2.2.1 1 套基础架构

通过构建"云—边—端"泛在物联架构，实现能力开放，支撑智慧综

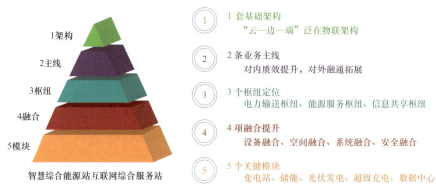

图2-2 智慧综合能源站总体框架图

合能源站持续创新发展。

2.2.2 2条业务主线

对内质效提升，实现数据一个源、电网一张图、业务一条线；对外融通拓展，打造能源互联网生态圈。

2.2.3 3个枢纽定位

电力输送枢纽：以220kV变电站为核心，广泛接入分布式发电、储能等电源，利用泛在电力物联网实现广域快速协调控制。

能源服务枢纽：以储能为核心，配建分布式光伏、充电桩，利用泛在电力物联网实现供区内充电桩、重要负荷等信息感知。

信息共享枢纽：以数据中心为核心，采用电网公司自建、外部企业合建等多种数据中心建设模式，利用泛在电力物联网接入供区内各类能源信息。

2.2.4 4项融合提升

空间融合：综合考虑土地利用、多站融合对外提供服务等因素科学选址；研究噪声、防火等要求对空间布置的制约，研究数据中心、储能等模

块化技术，提升空间利用率，各模块功能分区清晰，生产运维便利，站区
布局合理。

设备融合：研究储能系统替代数据中心 UPS、变电站一体化电源的相
关技术和设备，研究视频、环境等辅控系统融合共享方案，研究整体组网
方式，研究共用数据中心 IT 设备等，降低设备投资成本。

系统融合：研究一体化通信、一体化数据采集、统一数据存储、统一
数据处理、全面设备监控、综合数据分析、全景安全等技术，实现能源站
一体化综合监控与运营，提高能源站对内对外服务能力。

安全融合：建设全景安全系统，涵盖人身、设备、网络以及管理体系
等安全因子，保证智慧综合能源站安全稳定运行。

2.2.5　5 个关键模块

变电站模块：主要围绕一次设备智能化、二次设备就地化、设施施工
模块化展开工作，最终实现一次设备质量和智能化提升，二次设备运维便
利化和智能化，设施施工方案优选，实现高效的预制装配率，减少占地面
积，降低工程建设难度。总的来说，将状态全面感知、信息高效处理、应
用便捷灵活的泛在电力物联网与现有变电站设计建造技术相结合，打造高
可靠、高安全、建设周期短、绿色、环保的能源站。

储能模块：考虑电网和数据中心双重需求，借助储能站主要核心设备。
结合虚拟电厂技术与变电站，数据中心一体化建设，最终实现电网侧储能
调频、调峰、调压等辅助服务，同时降低数据中心投资运维成本。

光伏发电模块：利用能源站的屋顶、舱顶等资源，布置屋顶光伏发电
板，建设光伏发电站。

超级充电模块：在能源站建设以大容量、大电流充电为主的超级充电站，
开展电动汽车充电，扩大充电服务市场，提高用户黏性，通过收取充电服务
费、停车费等保证服务站的合理收益。超级充电站可以做到：①为大型公交
提供超级快充服务；②降低配电网压力；③节省用地和降低建设成本。

数据中心模块：主要围绕数据汇聚、微模块架构展开工作，基于数据中心开展用户能效监测、智能分析，最终实现能源的互补、优化控制和全景展示，将智慧综合能源站打造为本区域"能源流＋信息流＋业务流"三流协控中心，通过大数据分析为用户提供用能建议，制定节能方案。

2.3 模块划分

智慧综合能源站包含变电站模块、储能模块、光伏发电模块、超级充电模块以及数据中心模块等五大典型模块。智慧综合能源站采用模块化设计思路，实现各模块功能解耦、接口标准、按需互联，可结合变电站地区资源差异、周边用户的用能需求、用户特点、站址条件等实际情况进行"多能合一"的模块化组合。

以 220kV 变电站为核心，广泛接入供区内的分布式发电、储能等电源，利用电力物联网实现广域快速协调控制，把能源站建设为电力输送枢纽。基于能源站智能运营平台，实现区域分布式电源统一监视、协调优化控制功能，分析掌握区域内各类电源运行特性，提高可再生能源利用效率。

以储能为核心，配建分布式光伏、充电桩，利用电力泛在物联网实现供区内充电桩、重要负荷等信息感知，把能源站建设为能源服务枢纽。基于能源站智能运营平台，实现区域内用能信息智能分析功能，支持对外提供共享式储能、与外部企业合建充电站、电动汽车 V2G、电能智能治理等能源服务。

以数据中心为核心，采用电网公司自建、外部企业合建等多种数据中心建设模式，利用电力物联网接入供区内各类能源信息，把能源站建设成为信息服务枢纽。基于能源站智能运营平台，实现综合能源管理、管廊综合监控、分布式新能源集控运营等功能，支撑对外提供云计算以及数据业务服务。

2.4　融合技术

智慧综合能源站重点在能源站空间融合、设备融合、系统融合、安全融合等四个方面进行研究。智慧综合能源站具备终端侧设备的数据感知能力，实现全设备统一接入、统一物联；边缘侧设备完成全站数据、服务优化整合，提供边缘计算、应用融合能力；站端系统实现主设备、辅助设备、消防设施等的统一全面监控，实现能源站自身的节能降耗、智慧用能，实现能源站智能运维，为开展新业务、新业态、新模式提供互联网支撑。

2.4.1　空间融合

综合考虑土地利用、多站融合对外提供服务等因素科学选址，考虑噪声、防火等要求对空间布置的制约，优化储能、数据中心等模块化技术，提升空间利用率。

1. 站址选择研究

智慧综合能源站依照能源互联网综合服务的发展规划，综合考虑土地利用、出线走廊、交通便利性等各个方面进行站址选择研究，具体如下：

（1）站址选择充分考虑节约用地，合理使用土地。尽量利用荒地、劣地，不占或少占耕地和经济效益高的土地，并注意尽量减少施工土石方量。

（2）站址选择根据电力系统及数据服务的远期规划，综合考虑电力通道及数据服务通道的出线走廊，避免或减少走廊交叉跨越。

（3）站址选择在交通运输方便区域，以方便大件设备运输、便利提供能源及数据服务。

（4）站址选择在适宜的地质、地形条件下，避开滑坡、泥石流、明和暗的河塘、塌陷区和地震断裂地带等不良地质构造。避开溶洞、采空区、岸边冲刷区、易发生滚石的地段，尽量避免或减少破坏林木和环境自然地貌。

（5）站址选择避让重点保护的自然区和人文遗址，也不设在有重要开采价值的矿藏上。

（6）站址选择时充分考虑生产和生活用水的可靠水源。

（7）站址选择时考虑与邻近设施、周围环境的相互影响和协调。

（8）站址距飞机场、导航台、地面卫星站、军事设施以及易燃易爆设施等的距离符合现行有关国家标准。

2. 综合布置

智慧综合能源站站区规划在充分考虑智慧综合能源站各功能模块的工艺技术、运行、施工、扩建需要的基础上，同当地的城镇规划或工业区规划相协调，并充分利用就近的生活、文教、卫生、交通、消防、给排水及防洪等公用设施。据此原则，对站区、生活区、水源地、给排水设施、排防洪设施、道路、进出线走廊等进行统筹安排、合理布局，具体如下：

（1）智慧综合能源站各建、构筑物的火灾危险类别及其最低耐火等级满足国家相关法规规定。各建、构筑物整体及部件的设计，除达到使用功能外，还需符合防火方面的有关规定。

（2）智慧综合能源站建筑物的平面、空间的组合上，根据工艺要求，充分利用自然地形；布置上各模块充分融合、功能清晰、分区独立、紧凑合理、扩建方便。

（3）智慧综合能源站辅助和附属建筑的布置应根据工艺要求和使用功能统一规划，并结合工程条件采用联合建筑、多层建筑及户外集装箱，提高场地使用效益，节约用地。

（4）智慧综合能源站整体布置兼顾对周边环境的影响，如噪声、电磁干扰等。

（5）因地制宜进行设备选择，充分考虑各类设备对空间的需求。

（6）各子模块的位置布置，在充分考虑电气、消防等安全的基础上，应尽量使场内道路、电力电缆及控制电缆的长度最短。

（7）站区标高根据当地环境条件，参照相关规范进行选择。合理利用地形，根据工艺要求、交通运输、土方平衡综合考虑，因地制宜进行站区布置，使场地排水顺捷；并根据站区地形、降雨量、土质类别及站区布置，选择合理的排水方式。

（8）按智慧综合能源站的最终规模统筹规划进行管、沟布置，管、沟之间及其建、构筑物之间在平面与竖向上应相互协调、近远结合、合理布置、便于扩建。

（9）站内道路布置除满足运行、检修、设备安装要求外，还符合安全、消防、节约用地的有关规定。站内需要进行操作和检修的设备，其四周根据工艺要求铺设地面。

（10）智慧综合能源站四周设置实体围墙，围墙同周围环境协调。

2.4.2 设备融合

研究智慧综合能源站设备融合方案，研究储能系统替代数据中心 UPS、变电站一体化电源的相关技术和设备，研究视频、环境等辅控系统融合共享方案，研究整体组网方式，研究共用数据中心 IT 设备等，降低设备投资成本。

1. 储能设备扩展运用

储能电池是智慧综合能源站的重要电能存储资源。综合考虑智慧综合能源站的电源需求，通过合理拓扑设计，充分利用储能系统替代 UPS、一体化电源，构建混合交直流辅助电源系统确保电源供电的高效、可靠。其拓扑结构如图 2-3 所示。

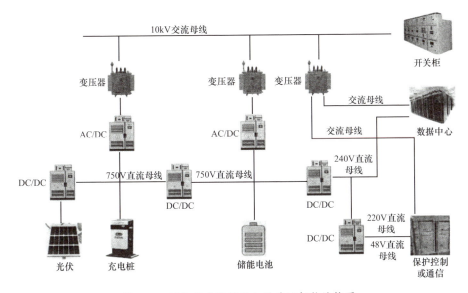

图 2-3　混合交直流辅助电源系统拓扑结构图

混合交直流辅助电源设计原则如下：

（1）设置连接于不同 10kV 母线的两台站用变压器，站用低压母线采用单母分段接线方式，为智慧综合能源站内变电站、储能电站、数据中心等各子模块提供 220/380V 交流电源。

（2）根据数据中心的负荷需求，设置多段 240V 直流母线，用作数据中心的紧急备用电源。240V 直流母线不设置直流电池，通过直流变换器同储能电池组连接。充分考虑 240V 直流的可靠性，直流变换器的配置，采用"$N+2$"原则。

（3）根据变电站的负荷需求，设置两段 220V 直流母线，用作变电站控制系统直流电源。220V 直流母线布置直流电池，通过直流变换器同 240V 直流母线连接。240/220V 直流变换器按照 220V 直流母线容量要求配置，考虑"$N+1$"原则。

（4）据变电站的负荷需求，设置两段 48V 直流母线，用作变电站通信系统直流电源。48V 直流母线布置直流电池，通过直流变换器同 48V 直流母线连接。240/48V 直流变换器按照 48V 直流母线容量要求配置，考虑"$N+1$"原则。

（5）IT 设备采用 1 路市电电源、1 路 240V 直流电源的双路供电形式。该供电方式消除了系统的单点故障瓶颈，提高了供电的可靠性，且在每个机架内提供了交直流 2 路电源、市电回路无需电能转换，可最大程度地提高系统效率。

混合交直流辅助电源系统的主要电气设备见表 2–1。

2. 辅控设备共用

智慧综合能源站辅助设备主要考虑对全站主要设备、关键设备安装地点以及周围环境进行全天候的状态监视，以满足智慧综合能源站安全生产所需的监视设备关键部位的要求，同时提供智慧综合能源站安全警卫的要求。

辅助设备融合分模块采集，接入各子模块辅控信息，通过站端系统实现智慧综合能源站全站辅控系统的全天候监视。统一设计智慧综合能源站

表 2-1　混合交直流辅助电源系统主要电气设备清单

序　号	设备名称
1	降压变压器
2	AC/DC 变流器
3	DC/DC 变流器
4	光伏组件
5	充电桩
6	储能电池

视频、环境数据、安全警卫信息、人员出入信息、火灾报警信息的采集和监控，并将以上信息远传到监控中心或调度中心。

在视频监控功能模块中应采用智能视频分析技术，完成对现场特定监视对象的状态分析，并将分析的结果（标准信息、图片或视频图像）上送到统一信息平台；通过划定警戒区域，配合安防装置，完成对各种非法入侵和越界行为的警戒和告警。

通过和其他辅助功能模块的通信，应能实现用户自定义的设备联动，包括现场设备操作联动、火灾消防、门禁、SF_6 监测、环境监测、报警等相关设备联动。并可以根据智慧综合能源站现场需求，完成自动的闭环控制和告警，如自动启动 / 关闭空调、自动启动 / 关闭风机、自动启动 / 关闭排水系统等。

3. IT 设备共用

IT 设备是智慧综合能源站人机交互的核心媒介。在智慧综合能源站中有层次地配置 IT 设备，充分考虑各模块的工艺需求，并统筹规划各 IT 设备的功能目标，实现变电站、储能、数据中心等的 IT 设备共用，既节省了建设成本，也为一体化运行创造了有利条件。

通过安全分区配置服务器、存储器及交换机等 IT 设备，层次化接入智慧综合能源站信息。同时，将服务器、存储器及交换机设置在数据中心，充分利用好数据中心数据计算快、存储容量大等特点，实现服务数据的有效存储、处理，为高级应用实现提供物理基础。

2.4.3 系统融合

研究智慧综合能源站系统融合方案，研究一体化通信、一体化数据采集、统一数据存储、统一数据处理、全面设备监控、综合数据分析、全景安全等技术，实现智慧综合能源站一体化综合监控与运营，提高智慧综合能源站对内对外服务能力。

智慧综合能源站可实现变电站、储能、光伏发电、超级充电、数据中心等各模块的一体化综合监控和智能运营，包括：一体化数据采集实现全面感知、一体化业务平台支撑统一数据处理与全面监控、一体化业务应用系统支撑对内对外服务、全景安全保障安全可靠运行等，智慧综合能源站系统框架图如图 2-4 所示。

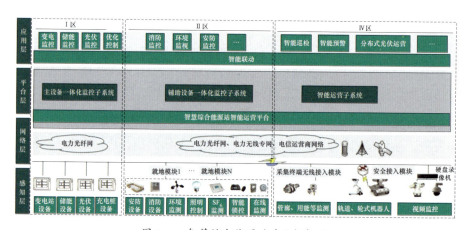

图 2-4　智慧综合能源站系统框架图

1.一体化数据采集，实现全面感知

智慧综合能源站以统一的方式全面一体化采集各类业务数据，为各类应用提供全面的信息支撑。以灵活的分布式数据采集技术实现全面采集变电站、储能、光伏发电、超级充电、数据中心站以及输电线路、综合管廊、建筑本体的各类信息，包括电气量、设备状态、环境、行为等，实现泛在

智联，从而实现智慧综合能源站全面信息感知，通过统一的服务总线为上层应用提供数据支撑。

智慧综合能源站统一采集采用分布式扩展设计，可以根据数据特点和规模为不同系统接入建立独立前置采集应用，前置采集框架内可配置为不同的通道组，启动多个通信进程同时工作。与单通道单进程的通信方式相比，能够有效地降低系统资源消耗，从而在相同的硬件配置下可以支持更多的通信负载。同时，利用分布式体系架构，不同类型的通道也可分配到不同的节点上值班，实现系统内硬件设备的负载均衡。

前置采集通道程序把 IEC 61850 及其他标准协议规约，按数据流向将底层链路层到最上层应用层串行包装成一生产线，数据流从低到高最后入库并且传输到后台。各规约模块可以按要求任意组合，从而做到开发应用层规约不需要考虑链路层情况，各规约模块之间相互独立。按照固定的模板框架，可以编写任意的规约模块，不需要了解前置本身框架，做到真正的即插即用。

2. 一体化通信，实现网络全覆盖

建设统一的通信架构满足变电站、储能、光伏发电、超级充电、数据中心的数据通信接入，并实现和各种远方主站通信。既能满足服务器站内部及主站跨区之间的数据传输，也能满足移动终端无线访问的需求。

充分利用调度数据网、无线专网、无线公网、NB-IoT、电力线载波等技术，因地制宜地选择合适的通信手段，实现智慧综合能源站周边能源服务相关设备的通信接入，为智慧综合能源站提供全方位的数据接入，支撑泛在电力物联网的落地实施。

智慧综合能源站组网示意如图 2-5 所示，图中通信手段仅为示例，具体方案应依托现状，充分考虑通信实时性、可靠性以及经济性等因素，选取合适的手段。

通过以上研究内容，结合现有通信技术，形成实时通信和准实时通信共存、有线和无线通信共存、不同安全区通信共存，因地制宜，实用而又灵活的通信解决方案。

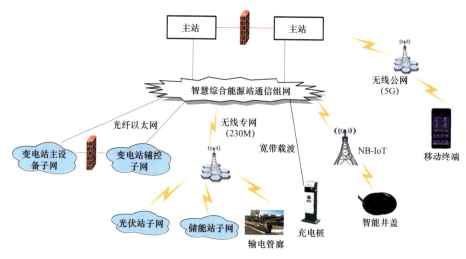

图 2-5　智慧综合能源站组网示意图

3. 一体化业务平台，支撑统一数据处理与全面监控

一体化业务平台为上层系统软件提供支撑，系统功能可根据用户需求方便地进行扩展，满足用户对系统灵活性和可伸缩性的要求。

智慧综合能源站一体化系统基于 SOA 技术体系，通过消息总线，为应用功能开发和集成提供通用性的基础服务，满足应用功能对数据的查询、定位和修改，实现数据的共享。系统提供的基础服务包括文件管理、数据访问、权限管理、告警服务、日志服务、运行诊断服务等。通过这些基础的服务，可方便实现站内设备的集中监控、智能分析、经济运行、专家决策等高级应用，提高智慧综合能源站的经济运行水平。

系统全面支持 IEC 61970/61968/61850、XML、SVG、SOA 等最新的国际标准，可接入第三方系统，也可供第三方二次开发使用。基于脚本技术实现的可编程电力监控图形平台，实现图元定制、界面定制、逻辑定制等脚本化开发，可支持最终用户或第三方快速扩展系统功能。

4. 一体化业务应用系统，支撑对内对外服务

综合监控与运营包括主设备一体化监控子系统、辅助设备一体化监控子系统、智能运营子系统等三大部分。

主设备一体化监控子系统实现对变电站、储能、光伏发电等的一体化综合监控，位于安全Ⅰ区。

辅助设备一体化监控子系统统一对能源站的各类设备、环境等进行在线监测、辅控监控、视频监视、机器人智能巡检等进行统一管理，位于安全Ⅱ区。

智能运营子系统汇聚能源站全部信息、供电区域的各类用电信息、供电区域内的分布式新能源信息、本区域气象和市政等公用信息，实现以智慧综合能源站为中心的信息汇聚、整合与应用，位于安全Ⅳ区。

2.4.4　安全融合

根据智慧综合能源站的业务需求，建立智慧综合能源站多维度、多层次、全方位的全景安全体系，包括人身安全、设备安全、网络安全以及安全管理体系等。

设备的安全主要是防火消防的安全。在现有消防系统的基础上，优化站端消防信息采集，具备消防报警、紧急控制、消防设备运维管理、安全巡检、风险管控、电子预案等功能。

梳理能源服务各个应用功能的业务边界、数据交互接口，通过数据通信网络安全隔离技术，形成既满足数据融合、便捷访问，又能有效划分安全边界，保证系统安全的网络安全方案。

管理体系是构成全景安全的重要组成部分，安全管理的完整体系是全时空泛在覆盖的，涉及人身、设备、网络等各个空间环节、各种安全角色和设备的设计、开发、生产、供应、运行、退役的全生命周期。

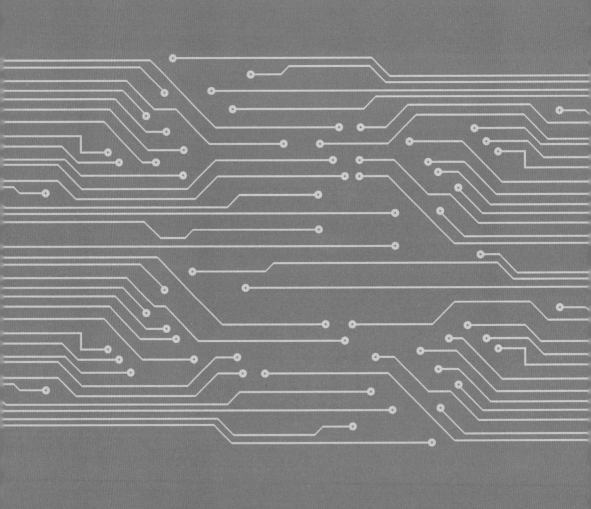

第 3 章

智慧综合能源站
功能模块

3.1 变电站模块

3.1.1 基本配置及功能

变电站模块是智慧综合能源站的电力输送枢纽，是电力系统中进行电压变换、电能集中和分配、电能流向控制及电压调整的重要场所，起到联系发电厂和用户的纽带作用。

变电站模块是智慧综合能源站各种能源服务交互的核心，实现站内储能模块、光伏发电模块及充电模块间的能源互联及平衡。

变电站模块是智慧综合能源站信息服务的信息源和中继站，一方面提供各类型的重要信息，另一方面通过电力线路的延伸将区域内收集的信息向智慧综合能源站中转。

变电站模块主要由主变压器、配电装置、保护及控制系统、智能感知设备等组成。

1. 主变压器

主变压器是利用电磁感应的原理来改变交流电压的装置，主要由一次侧线圈、二次侧线圈、铁芯（磁芯）、油箱、冷却装置、调压装置、出线套管及本体保护装置等组成，如图 3-1 所示。

主变压器是变电站最重要的电气设备，承担电压转换和功率传递的作用。一般常用变压器的分类可归纳如下。

图 3-1　主变压器

（1）按相数划分：

单相变压器：用于单相负荷和三相变压器组。

三相变压器：用于三相系统的升、降电压。

（2）按冷却介质划分：

干式变压器：依靠空气对流进行自然冷却或增加风机冷却。

油浸式变压器：依靠油作冷却介质、如油浸自冷、油浸风冷、油浸水冷、强迫油循环等。

（3）按绕组数量划分：

双绕组变压器：用于连接电力系统中的两个电压等级。

三绕组变压器：一般用于电力系统区域变电站中，连接三个电压等级。

自耦变压器：用于连接不同电压的电力系统。也可作为普通的升压或降压变压器用。

2. 配电装置

配电装置在正常运行时用来接收和分配电能，发生故障时通过自动或手动操作，迅速切除故障部分，恢复变电站的正常运行。配电装置可分为敞开式配电装置和气体绝缘金属封闭开关设备（GIS）配电装置。配电装置包括断路器、隔离开关、互感器、无功设备、避雷器、开关柜等。

（1）断路器。断路器是变电站重要的控制设备，能够关合、承载和开断正常回路条件下的电流并能在规定的时间内关合、承载和开断异常回路条件下的电流。断路器主要由灭弧室、操作机构、监视回路及其他附件组成，断路器如图 3-2 所示。

断路器按其选用的灭弧介质可分为油断路器、空气断路器、真空断路器、SF_6 断路器等多种类型。其中，SF_6 断路器由于灭弧性能好已逐渐取代其他断路器得到广泛应用。

（2）隔离开关。隔离开关是一种主要用于"隔离电源、倒闸操作、用以连通和切断小电流电路"，无灭弧功能的开关器件，如图 3-3 所示。隔离开关在分位置时，触头间有符合规定要求的绝缘距离和明显的断开标志；

图 3-2　断路器

在合位置时，能承载正常回路条件下的电流及在规定时间内异常条件下的电流的开关设备。隔离开关主要用来将高压配电装置中需要停电的部分与带电部分可靠地隔离，以保证检修工作的安全，隔离开关如图 3-3 所示。

图 3-3　隔离开关

隔离开关按其安装方式的不同，可分为户外隔离开关与户内高压隔离开关；按其绝缘支柱结构的不同，可分为单柱式隔离开关、双柱式隔离开关和三柱式隔离开关。

（3）互感器。互感器是电流互感器和电压互感器的统称。能将高电压变成低电压、大电流变成小电流，用于量测或保护系统。其功能主要是将高电压或大电流按比例变换成标准低电压（100V）或标准小电流（5A 或 1A，均指额定值），以便实现测量仪表、保护设备及自动控制设备的标准化、小型化。同时互感器还可用来隔开高电压系统，以保证人身和设备的安全，电流互感器如图 3-4 所示，电压互感器如图 3-5 所示。

图 3-4　电流互感器

图 3-5　电压互感器

1）电流互感器的分类。

①按用途划分：

测量用电流互感器或电流互感器的测量绕组。在正常工作电流范围内，向测量、计量等装置提供电网的电流信息。

保护用电流互感器或电流互感器的保护绕组。在电网故障状态下，向继电保护等装置提供电网故障电流信息。

②按绝缘介质划分：

干式电流互感器：由普通绝缘材料经浸漆处理作为绝缘。

浇注式电流互感器：用环氧树脂或其他树脂混合材料浇注成型的电流互感器。

油浸式电流互感器：由绝缘纸和绝缘油作为绝缘，一般为户外型。

气体绝缘电流互感器：主绝缘由气体构成。

③按电流变换原理划分：

电磁式电流互感器：根据电磁感应原理实现电流变换的电流互感器。

光电式电流互感器：通过光电变换原理实现电流变换的电流互感器。

2）电压互感器的分类。

①按用途划分：

测量用电压互感器或电压互感器的测量绕组：在正常电压范围内，向测量、计量装置提供电网电压信息。

保护用电压互感器或电压互感器的保护绕组：在电网故障状态下，向继电保护等装置提供电网故障电压信息。

②按绝缘介质划分：

干式电压互感器：由普通绝缘材料浸渍绝缘漆作为绝缘。

浇注绝缘电压互感器：由环氧树脂或其他树脂混合材料浇注成型。

油浸式电压互感器：由绝缘纸和绝缘油作为绝缘。

气体绝缘电压互感器：由气体作主绝缘，多用在较高电压等级。

③按相数划分：

单相电压互感器和三相电压互感器。

④按电压变换原理划分：

电磁式电压互感器：根据电磁感应原理变换电压。

电容式电压互感器：由电容分压器、补偿电抗器、中间变压器、阻尼器及载波装置防护间隙等组成，用在中性点接地系统里作电压测量、功率测量、继电防护及载波通信用。

光电式电压互感器：通过光电变换原理以实现电压变换。

（4）无功设备。无功设备指对变电站供电范围内的无功补充或无功过剩情况进行补偿的设备。变电站内常用的无功设备主要包括低压电抗器和并联电容器。

低压电抗器主要用于吸收电网的容性无功功率，补偿线路的电容效应，限制工频过电压，减少容性电流引起的功率损耗。低压电抗器主要有油浸式电抗器和干式电抗器两种，如图 3-6 所示。

并联电容器主要用于实现电网无功功率的就地平衡，改善电压品质。常用的电容器包括组合式电容器、并联电容器组等，如图 3-7 所示。

（a）油浸式电抗器

（b）干式电抗器

图 3-6　低压电抗器

（a）组合式电容器

（b）并联电容器组

图 3-7　并联电容器

（5）避雷器。避雷器是用于保护电气设备免受雷击时高瞬态过电压危害、限制续流时间、限制续流幅值的一种电器。最常用的避雷器为氧化锌避雷器，如图3-8所示。

氧化锌避雷器是一种保护性能优越、质量轻、耐污秽、性能稳定的避雷设备，

图3-8 避雷器

如图3-8所示。它主要利用氧化锌良好的非线性伏安特性，使在正常工作电压时流过避雷器的电流极小（微安或毫安级）；当过电压作用时，电阻急剧下降，泄放过电压的能量，达到保护的效果。

（6）开关柜。开关柜的主要作用是在电力系统进行发电、输电、配电和电能转换的过程中，进行开合、控制和保护用电设备，如图3-9所示。开关柜内的部件主要由断路器、隔离开关、负荷开关、操作机构、互感器以及各种保护装置等组成。

开关柜按断路器安装方式的不同，可以分为移开式开关柜和固定式开

图3-9 开关柜

关柜；按照柜体结构的不同，可分为敞开式开关柜、金属封闭开关柜和金属封闭铠装式开关柜；根据电压等级不同可分为高压开关柜、中压开关柜和低压开关柜等。

（7）气体绝缘金属封闭开关设备（GIS）。GIS（Gas Insulated Switchgear，气体绝缘封闭开关设备）由断路器、隔离开关、接地开关、互感器、避雷器、母线、连接件和出线终端等组成，这些设备或部件全部封闭在金属接地的外壳中，在其内部充有一定压力的 SF_6 绝缘气体，故也称 SF_6 全封闭组合电器，如图 3-10 所示。

图 3-10　气体绝缘金属封闭开关设备

GIS 的主要特点是占地面积小、占用空间少、可靠性高、运行维护工作量较少。但 GIS 也有其固有的缺点，由于 SF_6 气体的泄漏、外部水分的渗入、导电杂质的存在、绝缘子老化等因素影响，都可能导致 GIS 内部闪络故障。GIS 的全密封结构使故障的定位及检修比较困难，检修工作繁杂，事故后平均停电检修时间比常规设备长，其停电范围大。

3. 保护及控制系统

保护及控制系统主要包括实现电网故障快速跳闸、监控电网运行状态以及支撑相关功能的辅助系统等。保护及控制系统由继电保护系统、变电站监控系统、电源系统、时间同步系统及一次设备状态感知系统等组成。

（1）继电保护系统。变电站的继电保护系统主要采集一次设备的实时运行数据，针对电网及变电站内的各种突发异常情况，准确、迅速、可靠切除故障，保障设备运行安全。

（2）变电站监控系统。变电站监控系统直接采集站内电网运行信息和二次设备运行状态信息，通过标准化接口与输变电设备状态监测、辅助应用、计量等进行信息交互，实现对变电站全景数据采集、处理、监视、测量、控制、运行管理等综合性的自动化功能。

变电站监控系统采用开放式分层分布式网络结构，由站控层、间隔层、过程层以及网络设备构成。通信规约统一采用 DL/T 860 通信标准，实现站控层、间隔层、过程层二次设备互操作。

（3）电源系统。变电站的电源系统主要包括站用交流、站用直流及通信电源。站用交流采用 220/380V，站用直流采用 220/100V，通信电源采用 DC 48V。

站用交流电源需满足全站交流负荷需求，部分回路需具备双重化要求，故设置连接于变电站不同低压母线的两台站用变压器，站用低压母线采用单母分段接线方式；为能源站内变电站模块提供 220/380V 交流电源。

站用直流考虑 2h 事故放电时间需求，双重化回路直流需完全独立，故设置两段 220/110V 直流母线，用作变电站控制系统直流电源。

通信电源考虑 4h 事故放电时间需求，设置两段 48V 直流母线，用作变电站通信电源。

（4）时间同步系统。变电站配置 1 套公用的时间同步系统，主时钟双重化配置，另配置扩展装置实现站内所有对时设备的软、硬对时。支持北斗系统和 GPS 系统单向标准授时信号，优先采用北斗系统，时间同步精度和守时精度满足站内所有设备的对时精度要求。系统预留与地基时钟源接口。

时间同步系统对时或同步范围包括监控系统站控层设备、保护装置、测控装置、故障录波、网络报文分析装置、合并单元及站内其他智能设备等。

主时钟应提供通信接口，负责将装置运行情况、锁定卫星的数量、同步或失步状态等信息上传，实现对时间同步系统的监视及管理。

（5）一次设备状态感知系统。变电站一次设备状态感知主要包括运行类和辅助类。

运行类通过变电站内的测控装置获取电网一次系统电压、电流、功率、频率等各种电气参数，同时通过测控装置完成对断路器、隔离开关、变电站分接头等设备的控制命令；通过时间同步装置完成全站自动化设备的对时；通过智能终端完成对断路器、隔离开关等一次设备遥控命令的执行，并采集一次设备的状态信息；通过 PMU 完成全网同步相量数据的测量；通过录波装置进行变电站间隔层暂态数据和信号的采集和记录；通过网络报文记录分析装置进行变电站站控层、过程层、远动通信网络报文监视；通过稳定控制装置进行电网安全稳定控制；通过低频低压减载装置进行低频低压切负荷；通过失步解列装置进行电网失步后的解列；通过智能网关完成通信规约的转换，保证变电站与远方调度的信息交互；通过五防系统防止变电站一次设备的误操作，确保变电站安全运行。

辅助类感知主要采集变电站运行环境（温湿度、门禁、安防、气体、消防等）及视频信息，为变电站集中监控及运维提供辅助支撑；变电在线监测类感知终端主要采集包括变压器（油色谱、铁芯接地电流、局部放电、套管等）、GIS、断路器（SF_6 气体压力 / 密度、SF_6 气体的微水含量、局部放电、断路器弹簧压力、机械特性等）、避雷器（全电流、阻性电流、动作次数等）等变电站主设备在线监测的数据、故障告警、运行工况等信息，实现一次设备运行状态监测与预警。

4. 智能感知设备

变电站主要部署在线监测、安防、消防、图像监控、动力环境、机器人等各类智能感知设备，配置汇集控制器（含安全芯片）、规约转换装置（CMU）、安全接入微型平台、视频监控单元（NVR 或 DVR）、辅助网关机（AMC）、视频服务器、视频分析服务器等接入设备，以及子站工作站等用户交互设备。单站设备具体配置如下：

（1）主要感知层设备配制情况见表 3–1。

（2）接入设备配制情况见表 3–2。

表 3-1　主要感知层设备配置情况

设备大类	设备小类	监测状态量	智能感知设备
变压器类	主变压器	油中溶解气体	油色谱在线监测装置
		铁芯夹件接地电流	铁芯接地穿心式电流传感器
		振动在线监测	加速度传感器
		局部放电	超声/特高频/高频传感器
		顶层油温、绕组温度	温度传感器
开关类	GIS 类	局部放电	特高频、超声波传感器
		SF_6 气体密度、微水监测	SF_6 密度、微水在线监测装置
		分合闸线圈电压电流（机械特性检测）	穿心式电流传感器
		伸缩节螺栓位移偏移量	形变传感器
	隔离开关	触头温度	机器人
		合闸位置监测	压力传感器、姿态传感器
	断路器	分合闸线圈电压电流（机械特性检测）	穿心式电流传感器
		断路器动作次数	视频/无线读表计
		SF_6 气体密度、微水监测（充 SF_6）	SF_6 密度、微水在线监测装置
	开关柜	温度（触头及母线）	温度传感器
		暂态地电波局部放电	TEV 传感器
		超声波局部放电	超声波传感器
		SF_6 气体密度、微水监测（充 SF_6 开关柜）	SF_6 密度、微水在线监测装置
		开关柜内温湿度监测	温湿度传感器
互感器类	电流互感器	局部放电、末屏电流、过电压、电容量、介损（电容式）	宽频域过电压及绝缘在线监测装置
		SF_6 气体密度、微水监测（SF_6 电流互感器）	SF_6 密度、微水在线监测装置
	电压互感器	末屏电流、电容量、介损、局部放电（电容式）	介损在线监测装置
		SF_6 气体密度、微水监测（SF_6 电压互感器）	SF_6 密度、微水在线监测装置

续表

设备大类	设备小类	监测状态量	智能感知设备
过电压类	避雷器	泄漏电流、阻性电流在线监测	视频 / 机器人
		动作次数	视频 / 机器人
站用电	站用电直流系统	蓄电池浮充电压、均充电压、单体内阻	蓄电池在线监测系统
		直流控母、合母电压监测、绝缘监测	直流系统绝缘检测仪
	站用电交流系统	母线电压	站用电监测系统
二次元件	—	硬压板状态	压板在线监测装置 / 挂轨式机器人
		大电流端子状态	挂轨式机器人 / 在线监测
辅助设备	—	消防、安防、视频、动环等系统	辅控系统接入
		GIS 室 SF_6 气体 / 含氧量含量监测	SF_6 气体 / 含氧量监测装置接入
箱 / 柜	—	箱门开闭状态监测	门磁传感器
		箱内温湿度	温湿度传感器

表 3-2　接入设备配置情况

序号	设备名称	配置数量	主要功能
1	辅助网关机（AMC）	1~2 台	站级辅助一体化监控子站，接收与发送辅控设备数据，并对数据进行加工处理
2	规约转换装置（CMU）	1	综合监测单元，实现规约转换及标准化数据通信等功能
3	视频服务器	1	图像监控功能模块视频流处理及上送，实现流转发服务
4	视频分析服务器	1	部署异物入侵、火灾、烟雾告警等图像识别高级应用算法
5	汇集控制器（含安全芯片）	按汇集数量比例配置	汇集各类无线前端感知设备的采集数据，进行加密上传
6	安全接入平台	1	满足信通专业信息安全相关要求，实现变电站各类前段无线传感器数据安全接入电力内网
7	视频监控单元（NVR 或 DVR）	按场地大小、设备布局等实际情况配置	视频厂家提供，实现对图像 / 语音进行长时间录像、录音、远程监视和控制等功能

3.1.2 关键技术

变电站一次设备是泛在电力物联网的感知层的基础，加上相应的传感器即可提供基础数据，一次设备应当按照"防火耐爆、本质安全、免（少）维护、状态感知、绿色环保"等要求进行选型设计，全面提升一次设备质量和智能化水平。

1.变压器全景状态感知

采用变压器全光纤传感应用技术，利用光纤传感器良好的绝缘和无源特性，将光纤随绕组导线一同绕制，对绕组内部热点温度、绕组变形状态进行精确测量；实现变压器内部温度、机械、绝缘、放电的综合监测，直观评估变压器运行状态。

围绕介损、电容量、油压、温度等状态量，采用无运行风险、安全可靠的套管在线监测装置，提前发现套管内部绝缘、过热及末屏接地不良隐患，避免套管突发故障。全面自动监测短路冲击、过励磁、过负荷、过电压、直流偏磁等不良工况信息，为设备状态评价及分析诊断提供全面数据，提高设备状态诊断准确性。

2.油浸式电流互感器内部压力监测

基于油浸式电流互感器内部压力监测技术，实时监测由于受潮、放电、过热等缺陷产生气体进而导致的压力变化，及时判断内部缺陷发展程度，有效防止设备故障。

3.开关柜触头温度传感器设备

采用开关柜触头一体化设计的嵌入式可更换、高可靠性温度传感器，建立与负荷电流大小、环境温度变化及测温数据纵横比相关的智能预警装置，并集成于开关柜控制保护，实现开关柜内关键部件温度的实时监测。

4.就地模块和就地化保护

（1）就地模块技术。应用以分布处理为原则，具有数字转化、结构紧凑、分散布置特点的就地模块或集成合并单元、智能终端集成装置，替代原有智能终端、合并单元，避免单一设备故障影响范围大。就地模块与一次设备同体安装，符合就地数字化技术的发展方向，且目前的高性能集成芯片技术、通信技术、设计水平已满足就地模块小型化、高防护、免配置要求。

（2）就地保护技术。传统变电站控制室布置，长电缆传输信号带来了TA饱和、多点接地、回路串扰、分布电容放电等问题。智能变电站采用"智能终端＋合并单元"过程层设备，中间传输及转化环节多，造成保护动作速度下降，继而影响稳定计算边界；合并单元集成数据采集、合并、转发功能，装置大、结构复杂，一旦故障会影响多套保护。线路保护采用汇控柜/户外柜内安装方式，电缆采样、电缆跳闸，解决长电缆传输信号带来的问题；减少中间环节，提高保护动作速度。

5. 二次系统

二次系统按照"就近转化、就地保护、硬件标准、信息共享"等要求进行设计，实现运维便利化和智能化。二次系统架构如图3-11所示。

原则上，保护及安全稳定自动装置均采用常规方式，即电缆采样、电缆

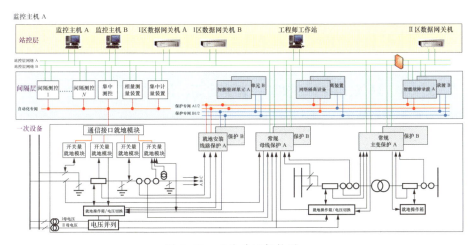

图3-11　二次系统架构图

跳闸；线路保护采用汇控柜（户内站）或户外柜（户外站）内就地安装，电缆采样、电缆跳闸，其他保护均采用常规设备。

测控、保护装置标准化，采集模块化，大幅提高了硬件通用性和运维便捷性，灵活适应了改扩建需求。继承 IEC 61850 技术体系，通过与一次设备同体设计，小型化、免配置、不停电更换的就地模块，分散就地实现数字化，测控装置可应用就地模块数据。

线路保护采用就地安装方式，电缆采样、电缆跳闸，提升保护速动性及可靠性。继电保护以及测控就地模块（合并单元、智能终端集成装置）等装置共用就地化操作箱，实现断路器的跳合闸控制。

充分发挥网络优势优化设计，面向保护、测控、计量、辅控等业务需求，实现数据信息共享。保护装置、故障录波等智能电子设备间的相互启动、相互闭锁、位置状态等交换信息通过保护专网传输，双重化配置的保护之间不直接交换信息。

智能录波器采用多功能合一的设备，集成故障录波、二次回路可视化、网络记录分析、保护信息子站等功能，接入保护专网和站控层网络，实现智慧变电站过程层、站控层所有应用数据的完整记录、全景可视化展示、综合分析与诊断、远传及管理等功能。

220、110kV 采用"间隔测控 + 冗余集中测控"模式，其中间隔测控按间隔单套配置（主变测控按侧单套配置），冗余集中测控按电压等级单套配置。

35（10）kV 采用保护、测控、智能终端、合并单元多功能合一装置，不独立配置测控装置。

3.2 储能模块

3.2.1 基本配置及功能

储能技术是智能电网、可再生能源接入、分布式发电、微网系统及电动汽车发展必不可少的支撑技术之一，能够消除峰谷差、平滑负荷曲线、提高电力设备运行效率、降低供电成本，还可以作为促进可再生能源应用、提高电网运行稳定性和可靠性、调整频率、补偿负荷波动的一种手段。此外储能技术还可以协助事故黑启动与快速恢复，提高系统的自愈能力。

近年来，储能技术的研究和发展一直受到各国重视，世界各国都投入了大量的人力、物力进行了很多的应用研究。特别是随着智能电网的构建，储能技术更是发展迅猛，已从小容量、小规模的研究和应用发展为大容量、规模化储能系统的研究和应用。

根据转化的能源类型，目前主要的电能存储形式可分为 4 类：机械储能，如抽水储能、飞轮储能及压缩空气储能等；电磁储能，如超导电磁储能、超级电容器储能等；电化学储能，如锂电池、钠硫电池、全钒液流电池等；相变储能。

电化学储能因为具有转换效率高、能量高密度化和应用低成本化等优点，正在成为大规模储能系统应用和示范的主要形式，成功应用于电力系统的各个领域，智慧综合能源站的储能模块考虑采用电化学储能。

储能模块主要由电池组、电池管理系统（BMS）、储能变流器（PCS）、监控及能量管埋系统（EMS）、升压变压器、10kV 或者 35kV 高压并网柜组成。

储能电池组通过 PCS 完成 DC/AC 变换后接入交流母线，实现能量的存储和释放。PCS 控制电池组进行充放电动作：在充电状态时，PCS 作为整流装置将电能从交流转变成直流储存到电池组；在放电状态时，PCS 作为逆变装置将电池组储存的电能从直流变为交流，输送到电网。BMS 能够实时监控电池组的电压、电流和温度，通过将关键信息传给 PCS 对电池组的充放电过程进行协调管理，避免过电压、欠电压和过电流等问题的发生，同时具有充放电均衡管理功能，储能拓扑结构图如图 3-12 所示。

储能系统是通过软件系统控制充放电的，既可以实现单点控制也可以

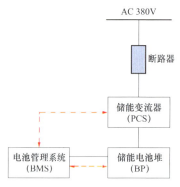

AC 380V

断路器

储能变流器
（PCS）

电池管理系统 ⟷ 储能电池堆
（BMS） （BP）

图 3-12 储能拓扑结构图

进行总量控制。储能系统根据调度指令进行控制，发出功率在 PCS 的额定工作范围内可以按需调节；系统采用一键式控制，各储能单元根据总指令需求再进行子系统控制；电池的充放电速率按照国标执行，充放电速率在 0~0.33C 范围内可调。

1. 电池组

电池是储能系统中电能存储载体，目前国内市场上储能电池主要有铅酸电池、锂离子电池、液流电池及镍基电池等。锂离子电池产能高、一致性较好、循环寿命高、生产环节无环境污染、能量密度高、占地空间小，大量应用于储能系统的建设。

锂离子电池以锂金属氧化物为正极材料，石墨或钛酸锂为负极材料，其结构如图 3-13 所示。锂离子电池具有高能量密度的特点，并有放电电压稳定、工作温度范围宽、自放电率低、可大电流充放电等优点。磷酸铁锂的理论容量为 170mAh/g，循环性能好，单体 100% 放电深度（DOD）循环 2000 次后容量保持率为 80% 以上，安全性高，可在 1~3 倍充放电倍率（1~3C）下持续充放电，且放电平台稳定，瞬间放电倍率能达 30C；但铁锂电池的低温性能差，0℃时放电容量为 70%~80%。

2. 电池管理系统（BMS）

电池系统的保护及

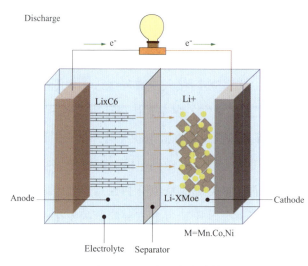

Discharge

e⁻   e⁻

LixC6   Li+

Anode   Li-XMoe   Cathode

M=Mn.Co,Ni

Electrolyte   Separator

图 3-13 锂离子电池结构

监测功能由 BMS 电池管理系统实现，BMS 系统结构图如图 3-14 所示。电池系统的 BMS 系统分三级网络架构，分别为托盘 BMU、MBMS、BAMS，每级 BMS 主要功能如下：

BMU（模组级，内置在模组内）：监测单体电芯的电压、温度和单个托盘的总电压，并通过 CAN 协议向上级 BMS 实时传递以上信息，能够控制单体电芯的电压均衡性。

MBMS（机架级，内置在高压箱内）：监测整组电池的总电压、总电流，

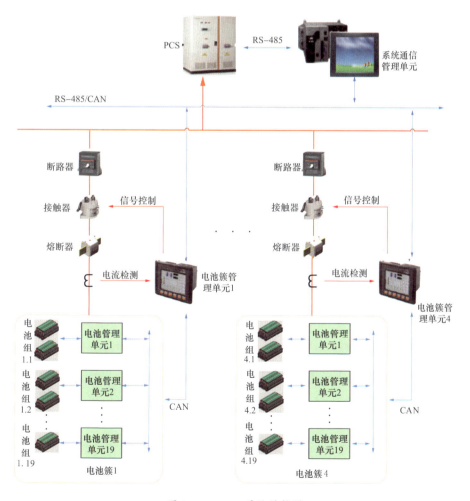

图 3-14　BMS 系统结构图

并通过 CAN 协议向上级 BMS 实时传递以上信息。能够显示电池充放电时容量、健康状态，对功率的预测、内阻的计算。控制继电开关和盘级单元电压的均衡性。

BAMS（系统级，多簇电池并联时提供）：收集下级 MBMS 信息，能够实时对电池剩余容量、健康状况进行预估。通过 RS-485、CAN、Modbus-TCP/IP 的方式与上位和外部系统进行通信。

电池管理单元（BMU）管理一个电池模块（单体电池或电池组），监测电池状态（电压、温度等），并为电池提供通信接口。电池管理系统（BMS）监测电池的状态（温度、电压、电流、荷电状态等），为电池提供通信接口和保护系统。

BMS 应实现电池组内监测与保护，具体要求如下：

（1）BMS 应实现高精度、高可靠性的电池单体电压和温度的采集，温度采集范围为 -40~85℃。

（2）BMS 应能实时测量电池的电和热相关的数据，包括单体电池电压、电池模块温度、电池模块电压、串联回路电流、绝缘电阻等参数。各状态参数测量精度应符合 GB/T 34131—2017《电化学储能电站用锂离子电池管理系统技术规范》中"5.2 测量要求"的具体规定。

（3）BMS 应能估算电池的荷电状态，充电、放电电能量值（Wh），最大充电电流，最大放电电流等状态参数，且具有掉电保持功能，具备上传监控系统功能。各状态参数测量精度应符合 GB/T 34131—2017《电化学储能电站用锂离子电池管理系统技术规范》中"5.3 计算要求"的具体规定。

（4）BMS 需要实现电池单体间电量均衡，电池单体间电量均衡通过均衡控制电路进行均衡。

（5）BMS 的电压、温度检测、均衡控制及状态估计电路与控制电源及 CAN 总线完全电气隔离，控制电源及 CAN 总线通信的隔离等级均保证 2500V 绝缘水平，从而保证高压电池单体串联的要求。

（6）BMS 实现高压绝缘电阻检测，要求对相关电路进行电气隔离，并充分考虑噪声影响，对采集数据进行多次采样求平均，得到更准确的采样值。

（7）BMS 应该能对电池储能设备荷电状态（SOC）进行高精度的估算，

SOC ≤ 30% 时精度要求不大于 8% ；30% ＜ SOC ＜ 80% 时精度要求不大于 12% ；SOC ≥ 80% 时精度要求不大于 8%，并能够对 SOC 值进行动态校准，提供相应的 SOC 精度估算表。

（8）BMS 应能对充放电进行有效管理，确保充放电过程中不发生电池过充电、过放电，以防止出现充电电流和温度超过允许值的情况。在充电过程中，电池充电电压应控制在最高允许充电电压内；在放电过程中，电池放电电压应控制在最低允许放电电压内；应能向热管理系统提供电池温度及其他控制信号，并协助热管理系统控制，实现电池间平均温差 5℃。

（9）BMS 实现充放电策略及均衡算法，要求充放电过程全程实时监控，发现异常立刻采取报警、保护动作，确保电池安全，在电池使用过程中，根据电池的电压、SOC 等指标差异性，灵活安排均衡策略，消除电池组内、电池组间的差异性。要求提供详细的均衡方式与方案说明，明确相关指标。

3. 储能变流器（PCS）

储能变流器（Power Conversion System，PCS）是电化学储能系统中连接于电池系统与电网（和 / 或负荷）之间实现电能双向转换的装置，可控制蓄电池的充电和放电过程，进行交直流的变换，在无电网情况下可以直接为交流负荷供电，是储能系统的核心设备。

PCS 由 DC/AC 双向变流器、控制单元等构成。PCS 控制器通过通信接收后台控制指令，根据功率指令的符号及大小控制变流器对电池进行充电或放电，实现对电网有功功率及无功功率的调节。同时 PCS 可通过 CAN 接口与 BMS 通信、干接点传输等方式，获取电池组状态信息，可实现对电池的保护性充放电，确保电池运行安全。

PCS 基本要求如下：

（1）变流器本体要求具有紧急停机操作开关，并具有防误碰保护。

（2）变流器具备显示各项实时运行数据、实时故障数据、历史故障数据等功能。

（3）变流器本体应具有就地远方 / 切换开关。当切换至就地模式时，能够实现就地开机、关机、参数设置等操作；所有就地操作均需要身份认证。

（4）变流器应自动检测与监控系统的通信连接，通信中断时，储能双向变流器应通过声光示警，并经过可整定的延时转为待机状态。

（5）变流器具有解决交流侧直接并联运行所引起的环流、各直流支路出力不均的措施。

（6）变流器控制电源采用交直流供电，保证在交流或直流任一侧有电的情况下变流器仍然可以正常工作。

（7）变流器本体要求直流侧配置带电动操作机构的断路器，交流输出侧配置接触器和断路器，与并网点或升压变压器低压侧形成安全隔离。

（8）变流器内的主回路开关器件包括交流侧开关器件均不允许采用并联结构，所有主回路开关必须为优质品牌。

（9）变流器装置向电网或者本地交流负载输送电能的质量，在谐波、电压偏差、电压不平衡度、直流分量、电压波动和闪变等方面应满足国家相关标准。

4. 监控及能量管理系统（EMS）

监控及能量管理系统是储能系统的大脑、能量调度及管理中心。系统收集全部电池管理系统数据、PCS 数据及其他配电设备数据，向各个部分发出控制指令，合理安排储能系统根据电网状态及需求实现运行优化、负荷预测、充放电控制等功能。

监控及能量管理系统采用开放式分层分布结构，由站控层、协调控制层、间隔层以及网络设备构成。站控层设备按储能电站远景规模配置，协调控制层与间隔层设备按工程实际建设规模配置，但应考虑终期规模的应用。站控层设备布置在储能电站总控集装箱箱体内或者站房内，协调控制层、间隔层设备分别布置在相应的集装箱箱体内或者站房内。监控及能量管理系统安全防护应满足电力二次系统安全防护总体方案的要求。

监控及能量管理系统采用双以太网，站控层、协调控制层、间隔层设备均接入该网络。在站控层网络失效的情况下，间隔层能独立完成就地数据采集和控制功能，储能电站监控系统及能量管理典型网络结构如图 3-15 所示。

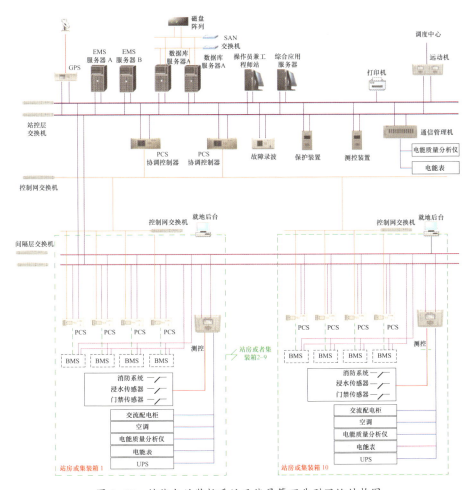

图 3-15　储能电站监控系统及能量管理典型网络结构图

　　监控及能量管理系统具备数据库的建立与维护、同步对时、监视和报警、统计及计算、制表打印、人机界面、事件顺序记录及事故追忆、电能量处理、远动工作站功能、自诊断与自恢复、运行管理、数据采集和处理、控制与操作等系统功能。

　　5.升压变压器

　　储能 PCS 直流侧电压范围在 450~850V，交流侧电压范围在 315~1000V，对于大容量储能系统必须通过升压变压器将电压升至 10kV 或者 35kV 后才能汇流接入电网。目前储能系统主流方案升压变压器一般有双圈变压器及低压侧双分裂或多分裂变压器两种类型。

两种变压器均为市场上的主流产品，运维经验成熟。对于低压侧双分裂或多分裂变压器，PCS设备的交流侧不需要加装隔离调压变压器，可以节省PCS的设备投资；采用双绕组变压器尤其是单台容量较大时（一般大于2.5MVA），需要将多台PCS设备的交流侧并联后接入变压器低压侧，一方面增加了PCS的协调统一控制的难度，另一方面容易在每台PCS之间形成环流。

6. 高压并网柜

高压并网柜用于储能系统中储能单位的通断、控制或保护作用。储能模块采用全户内布置形式，设备运行环境及空间比较充裕，并网柜采用10kV金属铠装中置式开关柜。若采用集装箱安装方式，其宽度一般在2500mm以内，受空间限制安装于集装箱内的高压并网柜一般采用气体绝缘开关柜或固体开关柜等小型化设备。

3.2.2 关键技术

储能电站的核心设备主要包括监控及能量管理系统（EMS）、储能变流器（PCS）、电池系统（BAT）等。EMS监控管理整套储能系统，实现稳态控制功能，保障系统安全可靠运行；PCS实现能量在电池和电网中的双向流动；BAT系统包括储能电池和电池管理系统（BMS），BMS实现电池的有效管理、控制。

1. 储能变流器运行技术（PCS）

储能变流器连接于储能电池与电网或负载之间，为双向电力电子功率变换设备，实现直流—交流（DC/AC）的变换，分为一次、二次两部分。一次回路用于实现功率/电压/电流的传输、变换及滤波；二次回路用于实现信号采样、传输及控制。DC/AC型储能变流器典型结构图如图3-16所示。

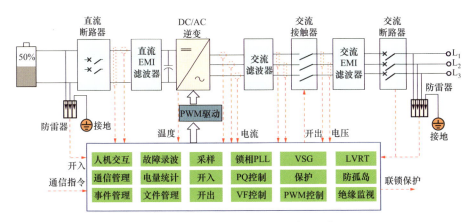

图 3-16 DC/AC 型储能变流器典型结构图

额定输出功率可分为：110% 长期，120%，1min；130%，10s；150%，1s。

储能变流器的运行模式可分为并网模式和离网模式。

（1）并网模式。在并网模式下 PCS 可以根据具体的充、放电模式设置，通过不同方式实现对储能装置充、放电控制。并网充、放电模式包括：

1）恒流模式。使用该模式时，PCS 将按设定的电流值，以恒定直流电流方式对储能装置进行充、放电。

2）恒压模式：使用该模式时，PCS 将按设定的电压值，以恒定直流电压方式对储能装置进行充、放电。

3）交流功率模式：使用该模式时，PCS 将按设定的功率值，以设定交流功率方式对储能装置进行充、放电。

4）直流功率模式：使用该模式时，PCS 将按设定的功率值，以设定直流功率方式对储能装置进行充、放电。

5）恒功率因数模式：使用该模式时，PCS 将根据交流输出的有功功率值，按设定的功率因数输出对应的无功。

6）自动转恒压模式：使用该模式时，PCS 将在充、放电末期，自动转为恒直流电压方式对储能装置进行充、放电。需要根据具体的电池特性或

BMS 提供的信息，设定充、放电末期的判定条件以及转为恒压模式后对应的直流电压值。

7）虚拟同步机模式（VSG）：该模式既可应用于并网模式，又可应用于离网模式。传统的电力电子并网逆变器控制方式往往采用简单成熟的有功、无功解耦电流控制，不具备常规发电机的一次调频调压、惯性、阻尼等特性，且该控制方式不支持在离网模式下运行。虚拟同步发电机（VSG）技术利用电力电子变换器模拟同步发电机的外特性，使逆变器具有同步发电机一次调频、一次调压、阻尼及惯性等特性，增强了逆变器对电网电压及频率的支撑作用，提高了电网接入的友好性。

（2）离网模式。当储能系统与外部电网断开，独立与负载相连时，可以运行在离网模式下，作为离网系统的主电源运行，为负荷提供稳定的电压和频率。

1）VF 控制模式：使用该模式时，PCS 将按额定的电压和频率，输出恒定的电压和频率给负荷供电。此模式下，需要保证负荷的功率不超过 PCS 和电池的容量范围。同一系统中，只支持单台 PCS 按此模式运行，不支持多台此模式 PCS 并联运行。

2）下垂控制模式 / 虚拟同步机模式（VSG）：使用该模式时，PCS 将按设定的下垂曲线，输出以下垂曲线对应的电压和频率。

2. 储能协调控制技术

电网侧储能电站一般都由多个储能单元并联构成，储能协调控制装置主要用于协调控制多台 PCS，实现暂态控制功能，如快速功率跟踪响应、辅助调频、调压等。快速功率跟踪响应是指协调控制装置接收外部功率指令，控制储能系统整体输出，保证整体输出功率的实时性与准确性。辅助调频调压是根据电网的频率以及电压主动调整储能系统输出的有功及无功，达到频率以及电压快速调节的目的。储能协调控制装置还可以根据各电池组的 SOC 状态进行功率分配，使各电池组的性能状态达到均衡。

协调控制装置采用嵌入式系统，并配以快速光纤通信模块，实现快速功率控制。对上协调控制装置一方面与本地监控系统进行通信，上送数据及状态信息，另一方面与调度控制系统通信，接收功率指令，并完成相关控制策略。对下协调控制装置采用快速光纤网络与 PCS 进行通信，协调控制 PCS 运行状态，并根据一定的策略将功率指令分配给各台 PCS。PCS 与协调控制装置间通信采用组网形式。

主要功能包括：

（1）有功协调控制功能。大规模储能系统能够快速响应有功控制目标，采用优化的控制策略和分配算法，实时控制各 PCS 设备，从而快速、精确调整并网点有功功率。分配算法支持按容量比例分配方式和 SOC 均衡分配方式。

（2）电压 / 无功协调控制功能。大规模储能系统能够快速响应电压 / 无功目标指令，采用优化的控制策略和分配算法，实时调整各 PCS 设备无功，从而快速调整并网点无功功率，精确跟踪母线电压目标指令。分配算法采用按等无功备用分配方式。

（3）紧急控制放电功能。当电网频率过低或有功严重不足时，储能功率控制系统响应调度紧急控制放电需求，进入紧急控制放电模式，调整 PCS 使全部电池组均处于放电状态，紧急支撑电网频率需求。储能功率控制系统根据 PCS 与电池组运行状态不同自动生成合理调节目标。

（4）SOC 自动维护功能。实时监测储能系统 BMS 提供各电池组 SOC 实测值。当电池组 SOC 值不在正常范围内时，系统控制该电池组进入 SOC 自动维护功能模式，利用缓充、缓放的控制策略对 PCS 下发有功功率调节指令，进行维护性充放电，将 SOC 调整至合理范围内。当电池组 SOC 调节至正常范围内时，控制该电池组继续参与功率跟踪分配。

（5）异常监测触发调节功能。实时监测 PCS、BMS、电池组的通信状况、运行状况，当检测到存在异常情况时，自动触发协调控制系统完成新一轮分配调节，并强制限制异常设备出力为 0 或待机状态，避免由于储能设备异常导致电池组充放电损坏情况。

3.兼作数据中心直流供电技术

数据中心供电系统采用 1 路市电电源，1 路高压直流电源的双路供电形式，其中高压直流系统取自上述储能系统提供额定 240V 直流母线，该方式该供电方式消除了系统的单点故障瓶颈，提高了供电的可靠性，且在每个机架内提供了交直流 2 路电源，市电路无需电能的转换，可最大程度地提高系统效率，市电 + 直流双路供电示意图如图 3-17 所示。

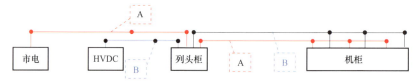

图 3-17　市电 + 直流双路供电示意图

直流变换器采用模块化 DC 直流供电电源结构，连接于储能电池与直流供电母线之间，实现直流—直流（DC/DC）的变换，采用一体化设计，$N+X$ 热插拔冗余。典型 DC/DC 模块结构图如图 3-18 所示。

该方案具有如下优点：

（1）供电可靠性高。采用市电 +240V 高压直流技术相比较传统 $N+1$ 的 UPS 可靠性更高的原因之一是，相当于有了市电直供（来自第一路市电）、240V 高压直流（来自电池）两个供电源的同时提供。

（2）维保过程可靠性高。240V 高压直流系统内部是以模块化的方式组

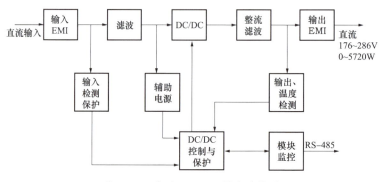

图 3-18　典型 DC/DC 模块结构图

成的，由颗粒度较细的 $N+1$ 或者 $N+X$（X 为冗余电源模块的数量）的多个电源模块并机构成，相比较模块化高频 UPS 架构，直流模块的并机只涉及模块均流，只需调压，非常简单；而交流 UPS 模块的并机需要幅度、频率和相位一致才能可靠并机。因此 240V 高压直流模块可以很安全的去热插拔增加或者更换故障模块。

（3）效率高。由于只有单级功率变换，提高了系统供电效率。

4. 储能电站快速控制功率控制技术

电力系统对电网侧储能基本功能要求有调峰、调频、调压、阻尼振荡、黑启动。其中调频、调压、阻尼振荡等功能的实现对储能整体系统的快速性要求较高。越快的调节速度，越小的控制延时，储能对于电网的调节效果越好、调节贡献越大。

由于单个储能单元容量较小，满足电网需求的大容量储能系统由多个储能单元并联组成，要使得这些储能单元行动一致，有效响应电力系统调节控制要求，需要构建快速的控制系统对储能单元进行统一的快速的指挥控制。控制系统一般配置成三层，上层为能量管理系统（EMS）、中间层为储能协调控制系统（PMS）、执行层为储能变流器（PCS）。PMS 对下与多台 PCS 进行通信，协调多个 PCS 的运行，PMS 与 PCS 之间需要实现快速通信，以满足调频，调压和阻尼振荡等快速控制功能，快速控制功率控制技术原理图如图 3-19 所示。

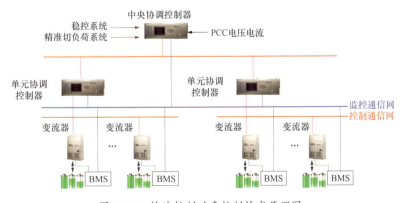

图 3-19 快速控制功率控制技术原理图

3.3 光伏发电模块

3.3.1 基本配置及功能

1. 光伏发电的基本原理

通常太阳能光伏发电系统是直接将太阳光的辐射能量转换为电能的装置，利用的是光伏组件半导体材料的光电效应。物理过程可总结为三个部分：第一，光伏电池获取一定能量的光子后，半导体内产生极性相反的电子—空穴对；第二，电子—空穴对在势垒电场下，电子向 N 区移动，空穴向 P 区移动，PN 结两侧形成光生电动势，产生了光生电场；第三，PN 结为分界线处聚集了大量正、负电荷，在外电路接入时产生电流，从而获得电能。光伏系统的重要元件是光伏电池，光伏电池经过串并联后，再进行封装保护可形成大面积的光伏电池组件，配合上功率控制器等部件就形成了光伏发电装置。其组成如图 3-20 所示。

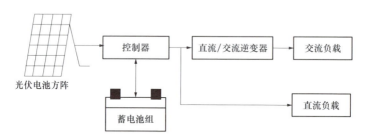

图 3-20 太阳能光伏发电系统组成示意图

基本的光伏发电系统一般是由光伏电池组件、控制器、逆变器和蓄电池（组）构成。

光伏电池组件：光伏电池组件是光伏发电系统中的核心部分，其作用是将太阳能直接转换成电能，供负载使用或储存于蓄电池内备用。

太阳能控制器：太阳能控制器的基本作用是为蓄电池提供最佳的充电电流和电压，快速、平稳、高效地为蓄电池充电，并在充电过程中减少损耗、尽量延长蓄电池的使用寿命；同时保护蓄电池，避免过充电和过放电现象的发生。如果用户使用的是直流负载，通过太阳能控制器可以为负载提供稳定的直流电。

逆变器：逆变器的作用就是将光伏电池阵列和蓄电池提供的低压直流电斩波成更高的电压或逆变成交流电，供给交流负载使用。

蓄电池（组）：蓄电池（组）的作用是将光伏阵列发出的直流电直接储存起来，供负载使用。在光伏发电系统中，蓄电池处于浮充放电状态，当日照量大时，除了供给负载用电外，还对蓄电池充电；当日照量小时，这部分储存的能量将逐步放出。

2. 光伏发电的运行方式

光伏发电技术已经相当成熟，进入大规模产业化，在工业、农业、科技、国防和人民生活的各个领域广泛应用，成为电网系统组成的一个重要部分。光伏发电系统应用形式主要分为离网型光伏发电系统和并网型光伏发电系统，离网型光伏发电系统不与公共电网相连接，为特定的场所提供电能，如图 3-21 所示。一般作为便携式设备的电源，向偏远地区或设备供电，以及用于不与电网发生关联的供电场所。例如边远农村、孤岛、通信基站、路灯、渔民、光伏水泵、无电缺电地区户、边防哨所等。并网型光伏发电系统与电网相连，作为电力系统的一部分，为电力系统提供有功和无功电能，也称为联网光伏发电系统，如图 3-22 所示。它在光伏发电进入大规模商业化发电阶段，成为电力系统电网组成部分之一。

与常用的火力发电系统相比，光伏发电的优点主要体现于：

（1）太阳能资源十分丰富，无枯竭危险。

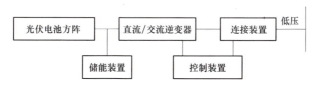

图 3-21　离网型光伏发电系统示意图

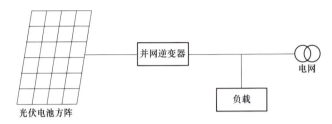

图 3-22 并网型光伏发电系统示意图

（2）运行可靠，无噪声，无污染，不排放废水（无公害）。

（3）不受资源分布地域的限制，可利用建筑屋面的优势。

（4）无需消耗燃料和架设输电线路即可就地发电供电。

（5）能源质量高，维护成本低。

（6）建设周期短，获取能源耗时短。

（7）光伏组件使用寿命较长。

（8）规模大小皆宜（100W~100MW）。

3. 光伏发电系统的组成

光伏发电系统是由光伏电池方阵、蓄电池组、充放电控制器、逆变器、交流配电柜、太阳跟踪控制系统等设备组成。根据用电负载的特征，独立太阳能光伏发电系统可分为直流系统、交流系统和交直流混合系统三种，其中的差异是系统中是否带有逆变器。若输出电源为交流 220V 或 110V，则需要配置逆变器。各组成部分的作用如下。

（1）光伏电池。光伏电池方阵是太阳能发电系统中的核心部分，其作用是将太阳的辐射能转换为电能，或送往蓄电池中储存起来，或带动负载工作。商用的光伏电池主要有单晶硅电池、多晶硅电池、非晶硅电池、碲化镉电池、铜铟硒电池等几种类型。

光伏电池单体是光电转换的最小单元，尺寸一般为 4~100cm^2 不等。光伏电池单体的工作电压约为 0.5V，工作电流约为 20~25mA/cm^2，一般不能单独作为电源使用。将光伏电池单体进行串并联封装后，就成为光伏电池组件，其功率一般为几瓦至几十瓦，是可以单独作为电源使用的最小单元。

光伏电池组件再经过串并联组合安装在支架上，就构成了光伏电池方阵，可以满足负载所要求的输出功率。光伏电池单体组件和方阵如图 3-23 所示。

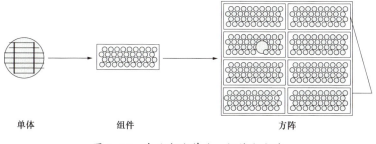

单体　　　　　　　　组件　　　　　　　　　　　　方阵

图 3-23　光伏电池单体、组件和方阵

（2）蓄电池组。蓄电池组的作用是储存光伏电池方阵受光照时所发出的电能并能随时向负载供电。在为光伏发电系统选择蓄电池时，要考虑电压电流特性等电气性能，还要求蓄电池组的自放电率低，使用寿命长，深放电能力强，充电效率高，可以少维护和免维护，工作温度范围宽，价格低廉等，再在此基础上考虑经济性选择最佳。蓄电池分为铅酸蓄电池、镍镉蓄电池、镍氢蓄电池、锂蓄电池等。

目前我国与光伏发电系统配套使用的蓄电池主要是铅酸蓄电池和镍镉蓄电池。配套 200Ah 以上的铅酸蓄电池，一般选用固定式或工业密封免维护型铅酸蓄电池；配套 200Ah 以下的铅酸蓄电池，一般选用小型密封免维护型铅酸蓄电池。

（3）控制器。控制器是能自动防止蓄电池过充电和过放电的装置。蓄电池使用寿命与蓄电池的循环充放电次数及放电深度有关，因此必须要有能控制蓄电池组过充电或过放电的充放电控制器。

（4）逆变器。由于光伏电池和蓄电池输出的是直流电，当负载是交流负载时，逆变器可以将直流电转换成正弦交流电，配合需要交流供电的设备使用。逆变器是光伏系统重要的组成部分。逆变器按运行方式，可分为独立运行逆变器和并网逆变器。独立运行逆变器用于独立运行的光伏电池发电系统，为独立负载供电。并网逆变器用于并网运行的光伏电池发电系统，主要应用于大规模的光伏发电场。逆变器按输出波形有两种，即方波逆变器和正弦波逆变器。方波逆变器电路结构，造价成本低，但是波分量比较大，一般用于小功率和对谐波要求低的系统。正弦波逆变器成本高，但可以适用于各种负载。另外，不仅可以把直流电转换为交流电，太阳能逆变器还有配合光伏阵列的特殊功能，例如最大功率点追踪及孤岛效应保护的机能。

（5）跟踪系统。光伏电池发电的全部能量来自于太阳，光伏电池方阵面上所获得的辐射量决定了它的发电量。由于在某一个固定地点的光伏发电系统，一年四季中每天太阳的光照角度都在不停的变化，不同地方的太阳高度角、地理纬度、大气透明度、日照时数及海拔等因素，都会对太阳能辐射量造成影响。如果光伏电池板能够时刻正对太阳，光电转换效率才会达到最理想的状态。太阳跟踪控制系统需要根据安放点的经纬度等信息计算一年中每一天的不同时刻太阳所在的角度，将一年中每个时刻的太阳位置存储到 PLC、单片机或电脑软件中，是靠计算太阳位置以实现跟踪。跟踪系统采用的是电脑数据理论，需要地区地球经纬度的数据和设定，每次移动完就必须重新设定数据和调整各个参数；跟踪系统应能保证光伏电池板时刻正对太阳，随着太阳转动而转动。

3.3.2　关键技术

变电站是电网企业的核心资源，在承担电力输配和地区电力供应方面发挥着重要的枢纽作用，以广泛分布的变电站为依托，实现变电站、储能、光伏发电、超级充电、数据中心等多种功能模块集成的智慧综合能源互联网综合能源站，是当下建设泛在电力物联网的重要组成部分。

1. 光伏与变电站、超级充电融合技术

利用变电站及超级充电屋顶资源，布置屋顶光伏发电板，建设光伏发电站，实现光伏发电与变电站、超级充电的集成化。建筑物屋顶通常是太阳光触及的直射域地，该域地接受日照时间最长、太阳辐射强度最强，故将建筑物屋顶视为最为高效的太阳能源接受源，同时起到一个隔热降温、美观的效果。

在变电站屋顶建设光伏效果如图 3-24 所示，有如下优势：

图 3-24　变电站屋顶光伏效果图

（1）充分利用能源站屋顶空间建设光伏。绿色节能，供给站用负荷，产生的电力可供变电站照明、运行和制冷使用，从而减少变电站本身运行所带来的电能损耗和成本损失。同时顺应国家新能源推广趋势，有利于提升企业的社会形象和塑造企业的社会责任感。

（2）良好的隔热降温效应。屋顶的光伏组件可以大大降低室内温度，变电站建设屋顶光伏大约可有效降低室内温度 3~6℃，空调节能约 20%~30%，节省了空调电费。

（3）太阳能是理想的清洁能源，光伏发电不受资源分布地域的限制，屋顶分布式电站安全可靠，无噪声，无污染。站内光伏直接供给站用电使用，不必远距离运输，避免长距离输电线路的损失。

屋顶光伏容量不大，可以直接接入 400V 站变母线，也可根据容量大小与充电桩、部分小储能单元组成光储充一体化系统，提高系统的用电效率和可靠性。

开发太阳能充电桩，直接利用光能在一定形式下转化成电能，为电动汽车供电。光伏阵列把太阳能转化为电能给充电桩供电，使得电动汽车能够快速高效充电，光伏阵列提供主要能源。当光伏发电不能满足负载需求时，需要从电网获取少量电能，具有离网充电和并网电能双向功能。同时发挥充电站的资源和优势，充分利用光伏发电，节约建设成本。

2. 光伏与储能的融合技术

储能的作用是电能削峰填谷，在用电负荷时将电能存储起来，用电高负荷时将电能释放出去，以实现电力负荷供需平衡。储能有以下优点：

（1）在电力行业中，电力系统采用储能装置可节约系统综合用电成本，在低成本时吸收电能，在高峰时释放，获得峰谷电价差带来的经济利益。

（2）在发电侧时可提高发电机的稳定运行能力。当发电机受到扰动时，不平衡的功率流能被迅速地吸收，缓解转子的振荡，使发电机在受到各种扰动时，输出的状态量更加稳定。

（3）储能用于输配电时，可灵活配置能源供应，去除高峰需求，提高电力供应质量，提供电压和频率保障，减少线损，提高整个输配电系统的稳定性。储能用于用户端时，可提高电路的质量，减少峰值。

目前储能电大量采用集装箱布置方式，充分利用储能站内预制舱或者集装箱的箱顶及侧面适当布置光伏组件，增加光伏容量，不仅可以增加绿色功能，还可以适当降低集装箱箱内温度，减小空调功耗。光伏发电系统具有间歇性、不稳定性。储能恰与光伏站进行配套，解决电力高峰需求，实现智慧综合能源站的优势互补，储能和光伏的配合，可以解决电网问题：

（1）在白天发电量比较小的时候，通过储能装置有效地平滑电网波动，更好地解决电网不稳定、波动现象。

（2）吸收极端情况下的电能，把低谷的光伏电量储存起来在高峰时期用，减少电网负荷使用，提高电能质量，保证电网稳定运行。

储能与光伏结合效果示意如图 3-25 所示，光伏电池板装在安装在储能的顶部与侧面，节省了资源和成本。

图 3-25　储能与光伏结合效果示意图

　　并网型光伏发电系统功能实现流程如图 3-26 所示。并网型光伏发电系统主要由光伏电池、组串式光伏逆变器、交流汇流箱、计量装置及配电网系统组成。并网逆变器是光伏并网发电系统中的关键设备，是能量转换和控制的核心，始终使光伏电池输出最大功率，并将光伏电池输出能量转换后输送到电网中。

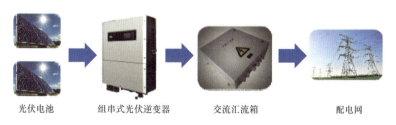

光伏电池　　　　组串式光伏逆变器　　　　交流汇流箱　　　　　配电网

图 3-26　并网型光伏发电系统功能实现流程

　　利用组串式光伏逆变器的光伏发电示意图如图 3-27 所示，逆变器的交流电缆输出与监控系统、手机 APP、数据中心等互联。

图 3-27　组串式分布式发电示意图

组串式分布式发电的特点如下：

● 兼顾中压和低压两种并网场景；

● 多路 MPPT，解决组件失配带来的发电量损失，提升发电量；

● 三电平＋碳化硅技术，超宽 MPPT 电压范围，交流并网电压最高540V，实现系统效率最大化；

● 充分利用逆变器的 SVG 功能，减少 SVG 投资；

● PLC 高速低成本通信，高可靠性快速组网；

● 高精度 I–V 组串检测，精度高达 0.5%，减少故障定位时间；

● 智能运维管理平台，管理不同地区光伏电站，智能运维；

● 离线维护、在线装载技术，新增加分布式发电站点的接入不影响系统运行，适应分布式发电站点分批接入的特点；

● 分布式效能分析系统，帮助用户实时掌握分布式发电站点运行情况，提升分布式发电站运营效率。

3. 光伏发电监控技术

光伏站的数据量庞大，大量测点如何采集，采集测点如何应用，设备型号众多，光伏电站内存在不同厂家的设备和系统，互相之间兼容性较差，并且设备数量众多，因此通信系统的建设和海量数据的存储处理是光伏电站监控面临的一个关键问题。

借助计算机技术和通信网络技术，建立光伏电站远程监控和运维管理中心，将智慧综合能源站的光伏发电设备（包括汇流箱、逆变器、电气设备）运行状况以及气象信息进行集中采集和处理，建立统一数据库，可以解决上述问题，及时准确地掌握各个光伏电站的生产运行状况，而且可以对各光伏电站实施远程诊断、远程维护和远程控制。同时，为监控中心建立具有针对性的优化管理系统，提供准确可靠的海量数据支持。

（1）光伏电站远程监控中心网络结构。光伏电站远程监控中心网络结构如图 3-28 所示，监控中心需要对厂站端进行控制，以达到无人值守建设规划要求，同时能够通过网页或 APP 浏览运行状态，本文采用配置服务器作为监控中心硬件平台，配置磁盘阵列，保证光伏站信息接入，后期接入根据具体情况可以增加存储空间，保证所接入厂站全数据存储，存储周期

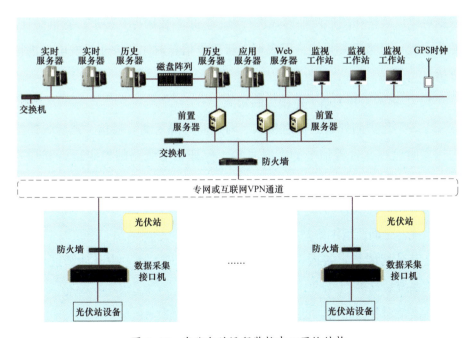

图 3-28　光伏电站远程监控中心网络结构

1~3 年。

厂站端配置数据采集服务器，进行全数据采集并转发至监控中心。数据转发通道可采取租用网络运营商专用通道或 VPN 方式。

光伏电站远程监控中心系统由服务器、Web 服务器、VPN 集控、GPRS 数据集中设备组成。监控系统的通信网络采用冗余千兆以太网，存储空间初步按照满足 500MW 装机容量设定，随着厂站建设及接入，按照所需容量扩建。

（2）光伏电站远程监控中心功能。

1）设备信息采集及监控功能。该模块采集光伏电站运行数据，需采集的设备包括逆变器、直流配电柜、交流配电柜、环境监测装置、计量电能表、智能汇流箱、关口表、断路器状态等设备数据，采集的数据不仅包括逆变器输出电流、输出电压、输出功率、直流侧电流、直流侧电压、各种模拟量开关量等基本运行数据，还包括光伏电站的气象环境信息，如温度、湿度、风力、光照强度等，采集程序需与各个电站建设厂家做接口，采集数据可以以表格和图形两种形式进行展示。采集数据可直接进行查询统计，并生成运行日报表等报表，报表可进行历史信息对比，方便对发电量进行分析。

2）汇集站（开关站）监视控制功能。

①线路保护测控装置信息接入。对线路间隔遥测、遥信、遥脉、遥控进行实时监视，告警信号的实时采集，保证集电线路的稳定运行和高效维护。

②公用测控装置的接入。将汇集站（开关站）中公用硬接点信号接入监控系统，全面监视汇集站（开关站）。

③其他智能装置接入。支持接入汇集站（开关站）中其他智能设备，如直流系统装置等。

④支持对各断路器、可控设备的远程遥控功能。

3）子阵设备监视功能。监控系统需要接入子阵设备并进行监视，例如汇流箱、直流配电柜、逆变器、箱式变压器测控、环境监测仪以及电能表等。

①逆变器接入。对逆变器四遥信号实时监视，实时采集告警信号，保证逆变器的高效和稳定运行，监测汇流箱以及直流配电柜。

②箱式变压器保护测控装置接入。对箱式变压器的四遥信号实时监视，实时采集箱式变压器的告警信号，并能动态上报箱式变压器继电保护信号，保证箱式变压器的稳定运行和高效维护。

③环境监测仪接入。实时监视采集实时环境信息。

④电度表接入。采集实时发电信息。

阵列监视如图 3-29 所示，直观的发电单元运行信息展示，支持用户筛选和排序。

图 3-29　阵列监视

发电单元状态以颜色区分一目了然。单页面整合光伏区、升压站监控信息。

光伏电站下拉菜单快速便捷。发电单元监视菜单如图 3-30 所示，友好美观地将发电单元运行信息全面展示，快速查看报警信息。

4）子阵设备远程控制功能。子阵设备远程控制具有箱式变压器远程控制以及逆变器远程控制能力：

图 3-30　发电单元监视菜单

①箱式变压器远程控制。对箱式变压器的断路器进行远程控制，实时控制高低压侧开关。

②逆变器远程控制。远程控制逆变器的开机与关机、功率因数调节。

5）环境监测功能。环境参数信息，至少应包括辐射强度（平面和垂直）、环境温度、风速、风向、组件背板温度等环境信息。

（3）光伏电站远程监控中心数据分析。光伏电站的数据上传到监控侧后，监控系统提供数据查询统计分析功能，作为光伏电站日常运行管理决策的依据，统计报表包括光伏电站运行月数据统计表、光伏电站运行日数据统计表、光伏电站运行年度数据统计表、光伏电站运行实时监控数据表等，查询统计分析内容包括电池板效率、发电单元发电量、发电单元效率、气象分析、电池板污染分析等。

数据统计分析模块提供各种运行参数（日发电量、购网电量及返网电量等）的对比图表，可通过柱状图或者曲线图直观地了解各个光伏电站运行数据的对比，也可对比某个光伏电站连续一段时间的运行数据。

数据统计分析模块是整个系统的核心模块之一，除提供各种运行报表外，还能分析出各光伏电站运转异常情况。如同一电站某块电池板由于异物（塑料袋等）遮挡等原因造成发电量较低时，系统将会自动报警，提示运行人员前去查看；各电站之间自然环境相差不大时，某电站因光伏组件灰尘多等原因造成整个电站发电量偏低时，系统也会提示运行人员前去检查。通过分析报警功能，可以及时发现影响电站发电效率的各种问题，充分挖掘光伏电站发电潜能。

3.4　超级充电模块

3.4.1　基本配置及功能

1. 充电站功能配置

当前电动汽车充电模式主要分为常规交流充电、直流快速充电和更换电池。其中，常规交流充电最为便捷，其利用电网提供的 220V 或 380V 交流电，通过电动汽车的车载充电器进行充电，其充电桩结构简单成本较低，同时对电源接入要求不高，因此广泛适用于路边电桩及居民用户等充电模式，但由于车载充电器限制，无法做到大功率快速充电。

直流快速充电系统原理示意如图 3-31 所示，从电网输入的三相交流电源，通过全桥整流电路整流变换为直流，经过滤波后提供给高频 DC-DC 功率变换单元，上升为充电电压，最后滤波输出为适用于电动汽车电池充电的直流电源。直流充电机结构独立，不需要车载充电器，因此可采用大功

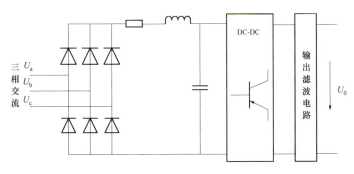

图 3-31　直流快速充电系统原理结构

率电力电子模块，提高充电功率，实现电动汽车快速充电。

更换电池式充电方式就是将电量已用尽的车载电池更换为电量充足的替换电池，类似于燃油汽车加油的过程，其重点在于电池标准制定与运营模式研究。理想情况下，更换电池的方式能够充分弥补电动汽车充电时间的劣势，实现能量的快速补充。

三类充电方式根据其自身特点，各有不同的运用场景，通过三种方式的互相补足，能够实现充电站业务多方位覆盖。三种充电方式比较见表 3-3。

表 3-3　充电方式比较

充电方式	充电速度	建设成本	适合场景
常规交流充电	慢	低	私家车库、停车场、路边车位等
直流充电	快	最高	高速、市中心、公交充电站等
更换电池	最快	较高	高速、市中心、交通枢纽等

充电站根据各部分功能进行区分，其主要系统配置可以划分为配电系统、充电系统、计量计费系统、电池更换系统、信息与监控系统。

配电系统：实现电动汽车充电站外部电能的输入，同时具有相应的控制与保护功能。配电系统应能保证用电容量和负荷等级要求。

充电系统：电动汽车充电站的核心部分，实现电能向电池化学能的转换。包括直流充电、常规交流充电和更换电池形式，不同充电方式根据充电站类型进行组合配置。

计量计费系统：计量计费系统实现电量采集、存储、分析与电费计费等功能，其硬件组成包括计量互感器、交直流电能表、计量采集终端、计费终端和计费服务器等。

电池更换系统：电池更换系统根据充电站具体需求设置，对可更换电池进行维护与装卸，其主要组成模块包括装卸可更换电池的机械臂或机器人、可更换电池充电与能量管理系统、电池立体储架等。

信息与监控系统：负责充电站充电机运行状态监控、可更换电池状态监控、视频及安防系统管理、配电系统监控和环境监测等，全面感知充电站状态，及时发现运行异常。信息通信模块将所需要的充电站数据传送至调度端，或是传送至互联网和移动终端，进行数据处理分析，优化充电站运行策略。

2.智慧综合能源站充电模块建设优势

采用充电站与变电站、储能、光伏发电合建的模式，能够充分整合各模块功能，拓展智慧综合能源站业务范围，实现一站多能，形成全新商业新模式。建设智慧综合能源站充电模块，其主要优势包括：

（1）提供超级快充服务。利用变电站优异的电源接入条件，建设直流充电装置，可为电动汽车提供大功率超级快充服务，大大缩短车辆充电时间，提升充电桩利用率。待350kW等超大功率充电技术发展成熟，建设模式可扩大为更大规模的超级闪充站。

以一台采用197kWh锂电池的比亚迪K8为例，不同功率的充电桩对应的充电时间见表3-4。

表3-4　直流充电桩充电时间表

直流充电桩功率	比亚迪K8（电池容量197kWh）
30kW	6.6h
60kW	3.3h
120kW	1.6h
350kW（远景规划）	0.56h

为充分提高充电效率，减少排队时间，智慧综合能源站配备120kW的大功率充电桩，相比当前较多充电站采用的60kW充电桩，单次快充续航里程更长，充电时间缩短50%，驾驶员可利用车辆停站休息等时间来完成充电，实现了车辆的不间断运营，极大地提高了大型公交车或大型客车的出车效率。

未来随着350kW大功率充电技术的不断成熟，智慧综合能源站通过配备 350kW 充电桩，可将充电时间可缩短为 0.56h，节省了 83% 的充电时间，真正成为"超级闪充站"。

（2）降低配电网压力。目前大部分充电桩都接入 10kV 配电网，大量电动汽车的无序并网充电，尤其是负荷高峰时接入充电，进一步加剧了负荷峰谷差，给区域电网带来负荷压力，尤其是 10kV 线路容易发生过载，导致区域配电变压器和线路的过载，同时给配电网负荷末端的电压水平带来不利影响，大大降低配电网运行经济性和安全可靠性。通过充电站与变电站合建，可以有效缓解或解决充电桩大量接入配电网带来的不利影响。

（3）降低建设成本。充电站与变电站合建模式，可有效利用站内剩余空间，节省用地，降低征地成本。此外对于常规大型快充站接入配电网，往往需要对配电网进行增容改造，也会相应增加一部分成本，而快充站直接接入变电站，无配电网改造的需求。总体来讲，充电站与变电站合建较独立充电站建设减少一定的建设费用。

（4）减少占地面积。用地紧张是城市中心地带普遍头疼的问题，尤其在寸土寸金的一、二线城市，如果能够利用变电站布置快速充电站，便无须像慢充一样需要大面积的场地。快充电站占地面积小，使用方便，从而有效降低成本。再加上采用快充的运营模式实现了车辆即充即走，将快充枢纽的便捷性、高效性发挥得淋漓尽致。

（5）加快构建智慧城市。变电站结合充电站的模式有助于逐层构建智慧城市超级快充网。同时随着电动汽车保有量的增加，若能够与 220kV 或 110kV 变电站合建超大型规模的快充站，在城市快充网的格局形成后，基于电动汽车充电大数据，有助于优化拓扑结构逐步完善城市快充网，构建智慧城市快充网。

（6）实现能源优化配置。通过充电站与储能、光伏发电合建的模式，直接构建三者相互关联的发储用系统，实现光伏能源的就地消纳利用与电动汽车多余能量存储。光伏发电的首要目标是提供电动汽车充电电能，在满足电动汽车充电的要求下，将多余的电能用于储能电池组充电。当光伏发电量不足时，将储能电池电量用于电动汽车充电，或是直接从电网获取电能。此外，电动汽车亦可通过 V2G 模式将多余的动力电池电能反送至电网，起到削峰填谷、无功补偿等作用。

3.4.2　关键技术

1. 充电模块技术

充电模块建设将是未来推动电动汽车持续发展的重要力量，也是智慧综合能源站实现外部业务创新拓展、可再生能源就地消纳的重要组成部分。

智慧综合能源站以其自身优异的电源接入条件、场地设施配备、数据网络覆盖和运行维护力量，为超级充电模块的建设提供了完美条件。在智慧综合能源站建设大功率直流充电站，面向家用、公交、公务、共享电动汽车等提供充电服务，有助于拓宽综合能源服务范围，深植多领域充电业务，提高用户黏性，同时通过收取充电服务费、停车费、电池更换保养费等保证能源站的合理收益。为实现电动汽车充电模块与智慧综合能源站的紧密有机结合，提升能源站整体技术、服务水平，需开展的主要研究内容包括：

（1）大功率直流充电技术。电池技术是限制电动汽车发展的重要瓶颈，通过发展充电技术，推动大功率直流充电建设，能够有效缩短电池充电时间，缓解储能电池容量带来的续航问题。

大功率充电机的研究主要包括两个方向：一是多个充电模块之间相互整合，二是单个充电模块的功率提高。多模块整合采用多个充电模块相互并联的结构，利用并联均流技术实现整体容量扩展，同时充电模块之间相对独立关系也使系统具有更高的容错能力，避免了单模块故障引起系统性问题。研究提升单个充电模块功率，能够减少大功率充电机的复杂度，采用较少模块便可达到整体功率要求，可减少并联均流控制难度。

除了上述大功率充电机的主要研究方向，更需要着眼于直流充电技术的拓扑结构、模块化电路与控制算法等优化，寻找多模块化与高单功率之间的平衡，推进直流充电机技术发展，以满足大规模电动汽车充电的需求。

（2）谐波抑制研究。充电站直流充电机为非线性设备，其将电网供给的交流电源通过整流变换为直流电源，过程中将产生谐波影响电网电能质量水平。直流功率大、充电频繁的超级充电站影响更为严重，需重点关注。

抑制谐波的方法主要分为主动和被动两大类，主动方法从谐波产生原理出发，通过整流模块优化从谐波源处降低谐波含量，主要包括多相整流和脉宽调制。

多相整流：整流器产生的谐波次数为 $n=pk\pm1$，其中 p 为整流脉冲数，而谐波电流 $I_n\approx I_1/n$，通过多相整流增加整流脉动数可有效减少谐波电流。典型的十二脉动整流电路如图 3-32 所示，其两个整流桥产生的 5、7、17、19 等次谐波相互抵消，剩余的只有（$12k+1$）次谐波，大大减少了整流器谐波注入电网。

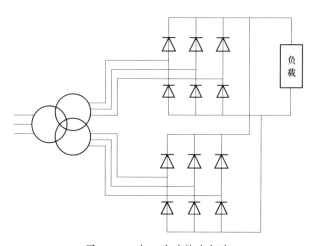

图 3-32　十二脉动整流电路

脉宽调制：脉宽调制即采用可控电力电子器件，通过 PWM 方式控制开关通断，使电流正弦化，降低谐波的产生。

谐波抑制的被动方法为通过采用补偿装置进行谐波治理，包括无源滤波器和有源滤波器。

无源滤波器：由电阻、电容以及电感等组成，原理是通过 LC 谐振滤除某一次或多次谐波。其优点是成本较低、结构简单和性能可靠，但是也存在受电网参数影响、滤波次数固定和能耗高等缺点。

有源滤波器：有源滤波器基于电力电子技术，通过整流逆变等模块生成与电网谐波幅值相等、极性相反的补偿电流，主动与谐波电流相互抵消，消除谐波影响，有源滤波电流根据当前谐波电流动态变化，能够实现快速高效补偿。

上述为主要的谐波抑制方法，电动汽车充电站因其负荷类型特殊性，更需要进一步分析建立相应模型，研究谐波特性影响因素与各因素影响大小，结合充电负荷特性，探索最优的谐波抑制方法与策略。

（3）含光伏与储能的充电站综合运行策略。充电负荷存在一定随机性，光伏发电也有其不可控性，储能模块能通过吸收光伏电能，为充电模块等负荷直接提供电源，起到提高电网可靠性、改善电能质量和参与电网"削峰填谷"的作用。同时，充电模块中更换下的退役电池，可经过测试筛选，挑选出符合标准的电芯进行组合，作为储能模块的动力电池，充分提高电池利用率。

进行含光伏与储能的充电站建模研究，需要基于大数据分析储能、充电负荷、光伏发电特性及其相互影响机理，研究满足多需求组合应用的含光伏与储能电站综合运行策略。

（4）V2G 技术。V2G 技术即 vehicle to grid 技术，实现电动汽车与电网之间能量的双向流动，作为移动储能单元的车载电池在负荷高峰时可以向电网传输能量，而在电网负荷低谷时可以存储电网过剩的发电量，避免造成浪费。

对于智慧综合能源站，重点是研究含光伏及储能情况下区域电网负荷特性，结合各时段电价，制定满足平稳电力需求波动、效益最优的 V2G 调度策略。

2. 智慧综合能源站充电模块设计实现

智慧综合能源站融合变电、储能、光伏发电、超级充电以及数据中心等模块，实现模块之间资源互补、优化提升。对于智慧综合能源站充电模块，以超级充电建设规模、系统接入方案和总平面优化布置为例，介绍其具体设计实现：

（1）超级充电建设规模。考虑到交流充电桩的充电功率小、充电时间长，选择用于大功率快充的直流充电机，节省充电时间。

充分利用占地面积，建设市区超级充电站，配置一体式350kW直流充电机，配置适当容量的箱式变压器。

配备电池更换系统，形成一套电池租赁、保养、更换服务体系，进一步拓宽能源站业务范围。

同时在充电车位雨棚上利用车棚面积建设光伏发电单元，并可配置一定容量的梯次利用电池单元。电站配置综合能量管理系统，可以根据峰谷时段及充电情况控制储能单元的能量流动，实现削峰填谷、谷电利用、新能源消纳等功能，提升系统运行的可靠性和经济性，具有很强的实用性和可复制性。

（2）超级充电系统接入方案。考虑到充电站功率较大，而且电动汽车具有无序充电的特征，不适宜直接接入站用电系统，因此充电站仍然采用专用的箱式变压器接入变电站低压母线。车棚光伏发电系统、梯次利用储能系统、充电桩均通过DC/DC接入750V直流母线，750V直流母线通过DC/AC接入箱式变压器低压侧的400V交流母线，充电站400V交流母线通过箱变直接接入变电站10kV母线。为了增强供电可靠性，在充电站750V直流母线与储能系统直流母线之间建立DC/DC连接。

（3）总平面优化布置。具体根据能源站的建设定位需求，充分考虑超级充电站结构类型。如在充电需求大、土地资源缺乏的市中心区域，可以考虑采用立体式充电站，解决建筑面积紧张问题；而在公交充电站及土地资源充足区域，可采用平面式充电站，避免立体车库的排队、故障等问题。同时，需要充分优化站内平面布置方案，综合考虑光伏发电、电源走线、视频监控、二次线路等综合布局，节省占地面积。充电站与变电站合建效果如图3-33所示。

图 3-33　充电站与变电站合建效果图

除上述内容外，在具体设计实现中，更需要考虑与智慧综合能源站间的模块融合，充分发挥模块整合优势，实现五位一体、一站多能的建设目标。

3.5　数据中心模块

3.5.1　基本概况

智慧综合能源站数据中心的应用功能需求包括了本地应用服务器、电力系统分布式云中心、对外数据中心租赁服务等几方面内容。需要对不同区域的硬件、网络等基础资源进行合理划分，部署不同的安全策略，满足不同区域的差异化需求。

根据不同功能区的业务需求，对数据中心基础网络的网络资源、IT 资源进行整合，并实现动态分配和管理，满足数据中心多变的各类业务需求。通过多种高可用技术和良好网络设计，实现数据中心可靠运行。数据中心云平台利用云计算和虚拟化技术，构建共享的资源池，实现对网络资源、计算和存储资源进行分配和管理，简化管理维护、提高设备资源利用率、优化业务部署流程、降低维护成本，同时，利用智能化管理应用，实现资源智能分配调度和管理，构建高度智能、自动化数据中心。

3.5.2 关键技术

在能源站内建设数据中心，前期一方面用于汇聚能源站全部信息，另一方面汇聚供区内输电、配电、用电、分布式新能源等全部电力相关信息。基于数据中心开展用户能效监测、智能分析，可以实现能源的互补协调、优化控制和全景展示，将能源综合体打造为本区域"能源流 + 数据流 + 业务流"的协调控制中心，通过大数据分析为用户提供用能建议、制定节能方案。

数据量评估：

（1）220kV 变电站配电数据评估。按照 20 条 10kV 线路估算；每条 10kV 线路按照 10 个配电终端（不含 TTU）和 20 个配电变压器终端（台区）估算；每台配电终端（非 TTU）按照 50 个点估算；每个台区按照智能配电终端 TTU 方式接入，台区所有低压设备接入智能配变终端，智能配变终端接入数据中心，每个台区按照 500~1000 个点估算；总的数据规模：$20 \times 10 \times 50 + 20 \times 20 \times（500~1000）=（21~41）$万个点。

（2）变电站按照 10 万点估算。

（3）储能站按照 5 万点 /32MWh 估算。

（4）其他按照 10 万点估算。

智慧综合能源站需要紧凑、轻量化、部署快速、运维简单的 IT 基础设施用于支撑数据中心建设，微模块化数据中心更适合能源站数据中心的要求。

1. 数据中心基础建设

智慧综合能源站数据中心的设计应满足 GB 50174—2017《数据中心机房设计规范》的要求，建议采用 B 类机房标准进行规划设计，合理布局主机房、辅助区域、支持区、用户操作区等区域，以及数据中心机房配套的电气系统、空调及送排风系统、安防系统、机房综合监控系统、计算机操

作管理系统、综合布线系统、KVM 切换系统、消防系统（火灾自动报警和
自动灭火）等。由于数据中心设备密度较大，对建筑楼板承重有特殊要求，在
机房选址和设计时应核实机房位置的建筑承重。

2. 服务对象和服务内容

智慧综合能源站数据中心的服务对象分为对内和对外两类，对内主要
服务于电力公司内部，应用范围包括边缘计算、分布式云中心等。对外主
要服务内容包括数据中心租赁服务将数据中心资源进行云化后，对外提供
基础资源（IaaS）、平台（PaaS）、软件（SaaS）等多种服务方式，或是对机
房环境进行整体出租，只提供机房环境、机柜、电源和出入口网络等服务。
数据中心服务方式见表 3-5。

数据中心的租赁方式包括整租和合租两种。其中整体出租的服务方式可
分为两种，机房场地出租和云平台租赁，机房场地出租数据中心提供机房基
础环境、机柜、出口网络等基础环境及核心交换设备。用户需自备服务器、
交换机、存储等硬件，并搭建软、硬件运行环境。整体出租的云平台租赁方
式，可根据用户需求，构建服务器群、存储、网络等硬件环境，搭构建云环
境和服务器、存储、网络等虚拟化资源服务，用户只需提出资源需求和网络
建设要求即可，该服务方式细分还可以分为基础资源服务（IaaS）和平台服务
（PaaS）两种。合租方式是把数据中心通过云化后的资源，出租给多个用户，数
据中心构建兼容性高、灵活性强的资源平台环境，为不同用户提供基础资源服
务（IaaS）、平台服务（PaaS）和软件服务（SaaS）数据中心服务方式见表 3-5。

这里需要强调，并不是每个智慧综合能源站数据中心都要具备对内和
对外服务的功能，在数据中心规划阶段，根据数据中心的规模和处理能力，
明确数据中心功能定位，合理配置硬件、网络以及安全策略，满足不同业
务的需求和应用部署。

3. 基础网络设计

数据中心基础网络设计按照分区、分层和分级的原则进行规划和设计。
分区是把用户的业务系统按照关联性、管理方式和安全等级等方面的

表 3-5　数据中心服务方式

序号	服务对象	用户业务范围	服务方式	服务内容	备注
1	电力公司用户	调度类应用（I、II、III区）	整租	机房场地出租	由于调度业务对机房环境独立性、电源可靠性、网络安全性的特殊要求，不建议机房通过合用或隔断的方式进行划分，不利于安防管理和后期扩展
2		管理信息大区应用（IV区）业务本地化副中心	整租	机房场地出租	
3		管理信息大区应用（IV区）物联终数据接入	整租合租	机房场地出租、基础资源服务（IaaS）、平台服务（PaaS）	提供云资源服务，数据中心内网络选型需具备虚拟化技术要求，实现网络的动态分配的逻辑隔离，以满足不同用户对网络的带宽以及分区、分域、分层的要求
4		管理信息大区应用（IV区）边缘计算	整租合租	机房场地出租、基础资源服务（IaaS）、平台服务（PaaS）	
5	大中型外部用户	小型云中心、副中心	整租	机房场地出租、基础资源服务（IaaS）、平台服务（PaaS）	
6	小型外部用户	基础资源服务	合租	基础资源服务（IaaS）和平台服务（PaaS）和软件服务（SaaS）	

需求划分为多个业务域，每个业务域的网络、服务器、安全边界等相对独立，需要数据中心网络具备良好的服务器、存储和网络的虚拟化能力，实现资源动态分配和各业务域网络逻辑隔离，目前最常用的软件定义网络（SDN）技术，实现网络动态逻辑分区、隔离。

分层主要是把数据中心网络分成标准的核心层、汇聚层和接入层三层结构。服务器与业务系统之间的流量大部分在单个功能分区内部，不需要经过核心；分区之间的流量才经过核心，而且在每个分区的汇聚层交换机上做互访控制策略会更容易、降低核心的处理压力、故障影响范围更小、故障恢复更快。

分级是对不同权限用户的访问进行分级管理，以常用的 B/S 架构为例，包括三个层次：

Web 层负责应用界面的提供，接受客户端请求并返回最终结果，是业务系统和数据的对外界面。如 IIS、Apache 服务器等。

Application 层负责数据的计算、业务流程整合，如常见的 WebLogic、J2EE 等中间件技术。

Database 层负责数据的存储，供业务系统进行读写和随机调用。如 MS SQL Server、Oracle 9i、IBM DB2 等。

三级之间通过交换网络的互联，层层的安全保护，形成结构清晰的易于部署的服务器接入架构，数据中心内部网络布局示意图如图 3-34 所示。

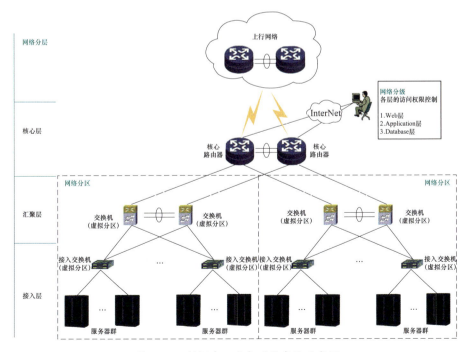

图 3-34　数据中心内部网络布局示意图

4.双活网络设计

智慧综合能源站的数据中心与其他数据中心实现物理双活时，可通过多层次的数据中心双活网络设计，实现数据中心核心、接入、数据三级实现多层次的双活策略。

核心层双活采用基于 IP 协议的多协议标签交换（MPLS），实现核心层的物理互联，通过多波分复用的方式，提升两个数据中心间的数据交换速率。

接入层双活采用基于虚拟专用局域网（VPLS）实现两数据中心服务器集群间通过专用的网络通道，实现异地构建服务器局域网。

数据层双活采用密集型光波复用（DWDM）技术，实现数据中心集中存储硬件及数据的双活备份，数据中心双活网络架构示意图如图 3-35 所示。

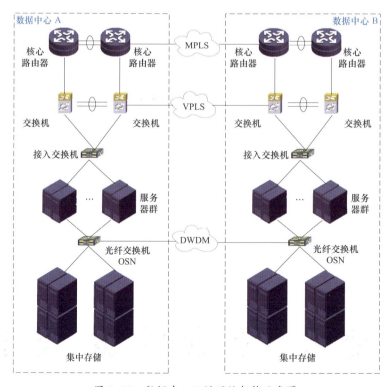

图 3-35　数据中心双活网络架构示意图

5. 云平台设计

针对需要提供硬件资源服务、平台资源服务的客户,合理调配服务器、存储、网络等各类资源,数据中心应搭建云平台,云平台为用户提供基础支撑能力,需要实现 PC 服务器、小型机、集中式存储、分布式存储、网络交换机等硬件资源管理以及资源调配的应用,将硬件资源云化,为不同的用户提供不同的服务类型。

云平台可为用户提供的服务类型包括基础资源服务(IaaS)、平台服务(PaaS)和软件服务(SaaS)。数据中心云服务示意图如图 3-36 所示,云平台架构图如图 3-37 所示。

图 3-36　数据中心云服务示意图

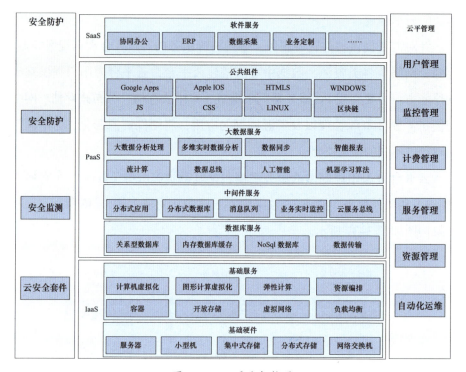

图 3-37 云平台架构图

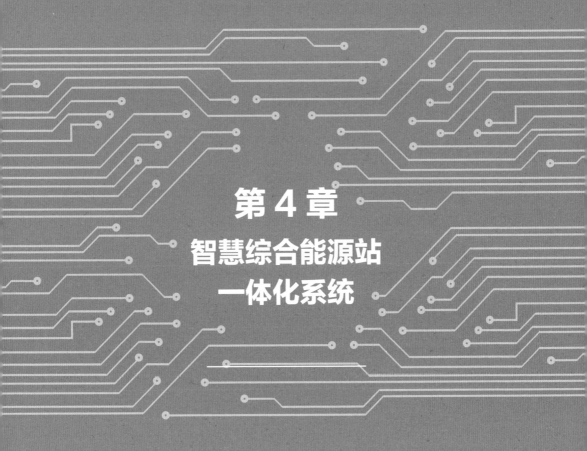

第 4 章

智慧综合能源站
一体化系统

4.1 信息全面感知

4.1.1 基本概况

新技术给能源站运维带来革命性变化，采用云计算、物联网、人工智能、智能感知元件、新型传感、巡检机器人等技术，全面采集变电站、储能、光伏发电、超级充电、数据中心输电线路、综合管廊、建筑本体的各类信息，包括电气量、设备状态、环境、行为等，实现泛在智联，从而实现智慧综合能源站全面信息感知。

通过 IEC 61850 及其他标准协议全面采集保护、测控、PMU、在线监测、环境、视频、智能巡检机器人等能源站数据，实现无缝耦合变电站、储能、光伏发电、超级充电、数据中心、输电线路、综合管廊、建筑本体等主设备监控和辅助设备监控，可实现多维数据耦合分析、状态诊断。

基于统一采集接入、通信规范和数据模型，支持 232、485、Modbus、mbus、Zigbee、Lora、MQTT、AMQT、DDS、XMPP、JMS 等接入方式，实现对采集、控制、计量等各类终端的标准化接入。系统在统一平台上对智慧综合能源站信息进行融合与联合展示，在同一套系统中集中监视能源站所有主辅设备的设备状态与运行数据。通过获取遥信遥测信息并结合三维现实场景中的电气设备，直观高效的展示能源站运行状况。

4.1.2 关键技术

1. 建筑感知终端

建筑感知终端成套装置主要分为上部结构安全在线监测装置与下部基础沉降在线监测装置两部分。该成套装置包括上部结构及下部基础各自的数据采集模块以及两者共用的监测平台，所述监测平台包括服务器、分析模块及告警模块。

（1）上部结构安全在线监测装置。通过无线应力、应变及加速度传感器实时采集的脉动作用下结构的动力模态参数，实时监控结构的整体行为，并无线传输至监测平台服务器进行储存，所述分析模块运用神经网络算法，对能源站全结构（包括梁、柱节点，跨中等）的损伤位置和程度进行诊断，对在役结构全寿命周期下的服役情况、可靠性、耐久性和承载能力进行智能评估，在结构使用状况异常时或突发事件下触发预警信号，并将告警信号输出至告警模块，所述告警模块发出报警信号。

通过上部结构安全在线监测装置，将为结构的维修、养护与管理决策提供依据和指导，从根本上延长能源站结构的使用寿命。

（2）基础沉降在线监测装置。通过能源站基础建筑物沉降在线监测装置的数据采集模块，实时采集能源站基础建筑物沉降数据，并将采集的能源站基础建筑物沉降数据发送至所述服务器中进行存储；所述分析模块用于将服务器内数据按照国家沉降标准进行分析，并将告警信号输出至告警模块，所述告警模块发出报警信号，告警模块包括声光报警器。

建筑感知终端成套装置利用无线传感器网络技术实现了数据采集，装置不受天气影响，基本上在各种环境下均可长期、不间断地测量分析，实现自动化、远程化监测，快速有效地准确实时掌握能源站建筑物安全状态。

2. 运行感知终端

目前智能电网通过变电站内的测控装置获取电网一次系统电压、电流、功率、频率等各种电气参数测量，同时通过测控装置完成对断路器、隔离开关、主变压器分接头等设备的控制命令；通过智能终端完成对断路器、隔离开关等一次设备遥控命令的执行，并采集一次设备的状态信息；通过PMU 完成全网同步相量数据的测量；通过时间同步装置完成全站自动化设备的对时；通过故障录波装置进行变电站间隔层暂态数据及信号的采集和记录；通过网络报文记录分析装置进行变电站站控层、过程层、远动通信网络报文监视；通过安全稳定控制装置进行电网安全稳定控制；通过低频低压减载装置进行低频低压切负荷；通过失步解列装置进行电网失步后的解列；通过智能网关完成通信规约的转换，保证变电站与远方调度的信息交互；通过五防系统防止变电站一次设备的误操作，确保变电站安全运行。

运行感知终端还包括对储能、光伏、充电、数据中心等模块运行状态的感知。

3. 信息感知终端

信息感知终端由为能源站集中监控及运维提供辅助支撑的辅助类感知终端和主设备提供状态感知功能的变电在线监测类感知终端构成，其中辅助类感知终端主要包括摄像机、布控球、红外测温终端、光电感烟火灾探测器、火灾报警主机、红外对射/双鉴探测器、SF_6气体检测器、温湿度采集器、风速采集器、水浸探测器、空调控制器等；在线监测类终端主要包括油色谱在线监测终端、微水密度在线监测装置、蓄电池在线监测装置、变压器铁芯接地电流在线检测装置、局放在线监测装置、断路器动作特性在线监测装置、SF_6探测器、容性设备在线监测装置等。

辅助类感知终端主要采集能源站运行环境（温湿度、门禁、安防、气体、消防等）及视频信息，构建智能监测与辅助控制系统，实现对能源站图像监控、安全警卫、火灾报警、主变消防、采暖通风等功能的集成，全面实现能源站智能运行管理，为能源站集中监控及运维提供辅助支撑。

在线监测类感知终端主要采集包括变压器（油色谱、铁芯接地电流、局放、套管等）、GIS、断路器（SF_6气体压力/密度、SF_6气体的微水含量、局部放电、断路器弹簧压力、机械特性等）、避雷器（全电流、阻性电流、动作次数等）等变电站主设备在线监测的数据、故障告警、运行工况等信息，实现一次设备运行状态监测与预警。在线监测类感知终端实物图如图4-1所示。

能源站内各类信息感知终端，将其读取的数据通过各种途径上送到监控服务器内，能够控制感知终端对主设备进行智能巡检，开展状态评估，可以实现关键的状态参量的就地计算处理，从而及时快速地监测到设备运行状态及能源站环境的异常情况。反过来，系统可以借助各类站内感知终端，对主设备的健康状态进行综合性的体检，对评估有异常或缺陷的设备，及时地进行报警。

4. 智能巡检机器人

智能巡检机器人主要用于室内外一、二次设备场地的日常巡检，可以

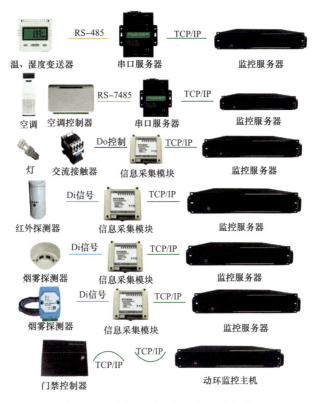

图 4-1　在线监测类感知终端实物图

携带红外热像仪、可见光摄像机、拾音器、气体检测仪等检测与传感装置，在自主或遥控方式下，24 小时、全天候地完成能源站中主要电气设备的例行巡视、全面巡视以及特殊巡视，主要包括：

（1）主设备的红外测温及声音采集。

（2）常用表计的智能读数。

（3）断路器和隔离开关位置的智能识别。

如果机器人传感发现异常情况，会第一时间发出预警，通知运维人员及时知晓并作出响应。

室外智能巡检机器人以设备状态自动感知及预测、风险实时预警、智能辅助决策、精益过程管控为代表的运检模式体系，打破了传统体系模式下生产时间和空间的限制，并对现场设备运行状态进行多角度、多维度的分析，优化巡检策略、故障缺陷分析，显著提升了管理效率。

室内智能巡检机器人可以实现对各类设备运行状态数据的采集、实时监控与联动。通过视频、拾音及红外检测等手段，对站内设备进行带电检测；同时可以与智能辅助系统互联，全面控制能源站室内门禁、风机、水泵及空调等设备，保证站内人员及环境安全。以机器人为基础，建立能源站室内智能机器人巡检功能模块，以改进状态检修管理体系、技术体系和执行体系，优化对状态信息收集、设备检测、状态评价、风险评估、检修决策、检修计划、检修实施等生产环节的管理。

通过智能巡检机器人取代人工完成能源站、管廊巡检工作，实现无人化远程管理，极大地节约了人工成本，同时实现了站房内设备的 $7 \times 24h$ 不间断高频率巡检。

5. 输电线路及综合管廊感知终端

输电线路及综合管廊感知终端主要采集输电线路及环境温湿度、风速、雨量、线路异常放电行波电流、绝缘子裂化、金具浮放电、植被超高、覆冰、污秽、外破图像及视频信号等。

电缆隧道感知终端主要采集高压电缆本体、中间接头、电缆隧道的环境量、物理量、状态量、电气量。一般在综合管廊内部设计一条或几条千兆光缆网络，沿综合管廊桥架敷设，在综合管廊内设立若干分区数采站，按就近原则，将视频、照明、排水、通风、消防等设备状态、井盖监视等数据汇聚，通过骨干光纤网传输，并将各业务单元合理规划，划分为多个VLAN通道，电缆测温、局放系统采用单独的光纤链路送至主站，从而保证数据安全、高效传输。主站可以通过数值、图形等多种形式显示测量值及变化趋势，结合环境量、状态量等，对故障发生点进行定位与告警，对可能发生的异常情况发出预警信号。

6. 分布式发电感知层终端

在分布式发电站中，包含各种类型的发电设备，包括光伏、风机、柴发、储能等，这些发电设备无法自发地根据系统运行情况输出功率，所以需要智能终端进行检测和控制。每个发电设备配置就地控制器，包含逆变器、储能变流器、柴发控制器等控制设备，这些智能终端直接对发电和储能设备进行监控和控制，通过控制算法优化运行方式，或者调频调压平抑波动等。

分布式发电站设备众多，用户需要一种集保护、测控、电能质量监测、通信、远动于一体的接口装置，满足站内所有功能需求，节省屏柜和建设成本。接口装置采集发电设备的电压电流等，并且具有电能质量检测功能。配置常用的低压保护功能，包括过电流、过电压、低频、过频等。同时接口装置对下有通信规约转换功能，对上具有远动功能。

7. 大客户用电信息感知终端

通过大客户用电信息感知终端提升大客户能源系统的自动化运行程度，提升人员工作效率，降低人员工作强度。用电监控实现对用户用电信息的实时采集，包括潮流监视、设备运行监视、电厂备用监视、故障跳闸监视、功率因数监视、低频低压减载和紧急拉路实际投入容量监视、电容电抗实际投入容量监视、重载及过载监视、用电负荷监视、动态拓扑分析和着色。

4.2　综合监控与运营系统

4.2.1　基本概况

智慧综合能源站对内需要实现对变电站、储能、光伏发电、超级充电、数据中心等各模块的一体化综合监控，对外需要实现信息的统一接口发布等要求。需要研究采用"云平台、微服务"的全新系统架构，构建智慧综合能源站全业务统一数据中心，支持海量设备接入，集成多业务系统数据，为服务站监视、控制、运维、检修、管理、应用等业务应用提供支撑，实现开发共享。研究机器人、高清摄像机、智能传感等相结合的智能巡检技术方案，包括研究能源站关键设备的部件破损、渗漏油、金属腐蚀等巡检影像人工智能处理技术，研究智慧综合能源站人员安全定位、小体积异物入侵等行为处理技术，提升智慧综合能源站智能水平。

智慧综合能源站作为电力输送枢纽、能源服务枢纽、信息共享枢纽，需要研究基于一体化监控平台，实现对变电站、光伏发电、储能的联合优化互补协调控制，改善光伏出力的波动性和间歇性，使多能合一站对电网的输出特性类似于常规能源，可以安全稳定地并入电网运行，实现能源站自动、自主、自助的高水平智能运营。

4.2.2 系统功能

综合监控与运营系统基于一体化业务软件平台，包括主设备一体化监控子系统、辅助设备一体化监控子系统、智能运营子系统三大子系统。

1. 一体化业务软件平台

一体化业务软件平台对变电站监控系统、储能监控系统、光伏监控系统充电监控系统等进行统一整合，采用信息融合与联合展示的技术，在同一套系统中集中监控能源站站内所有主设备的设备状态与运行数据，集中管理变电站、储能、光伏发电、超级充电等的设备及其运行维护。平台采用了分布式、可扩展、可异构的体系架构，应用程序和数据库可在各个计算机节点上进行灵活配置，而无需对应用程序进行修改，一体化业务软件平台架构图如图 4-2 所示。

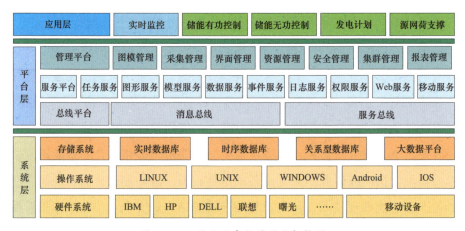

图 4-2　一体化业务软件平台架构图

2. 主设备一体化监控子系统

主设备一体化监控系统主要对变电站、储能、光伏发电、数据中心、超级充电等的一次设备和二次控制保护设备进行监视与控制，包括完整的变电站监控、储能 EMS 监控、光伏监控等功能模块，不再独立建设各模块监控系统。一体化监控技术，全面支撑国网泛在电力物联网三站合一的理念，真正实现泛在物联。

主设备监视主机具备告警数据处理、信息远传等功能，具备完整的能源站后台监视功能，可监视全站主设备运行状态，查看事件报警和保护信息；主设备事件接口装置能够完成站内数据的采集和转发；主设备监视工作站具备事件监视信息的展示功能，具备通过 KVM 查看后台监视画面的功能；主设备事件集成主机具备告警信息接收、存储、分析功能，可接收能源站发送的告警直传信息，并对信息进行处理后存入数据库。双因子权限验证，区域横向隔离，远传纵向加密，确保系统安全可靠，主设备一体化监控子系统结构示意图如图 4-3 所示。

（1）全面监视。通过实景重构能源站，得到基于精确空间坐标的三维模型，提供沉浸式的三维场景展示；采用多级一致性三维监视界面，数据

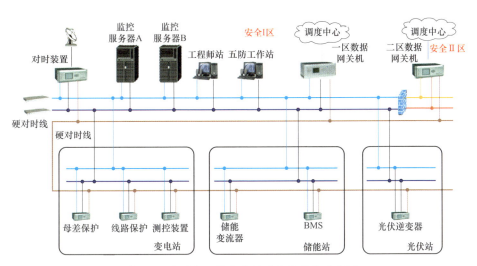

图 4-3　主设备一体化监控子系统结构示意图

展示多维化；三维场景包括变压器、断路器、隔离开关、电池、光伏逆变器、储能变流器、充电桩等具体设备以及由这些设备组成的设备区。三维实景刻画设备的机械结构，运维人员可以通过单击、变换角度等方式查看任意区域任意设备，直观的掌握设备的位置、状态等信息，便于检修、消缺、事故处理等工作的开展。

在三维模型区域，系统会以弹框的形式展示此设备的详细信息，包含设备的设备名称、生产厂家、出厂日期、尺寸、重量、结构、电压等级等参数，可依照用户需求进行定制，也可根据现场实际运行情况进行修改。

对于能源站内的重要设备单独成图，并以曲线的方式直观地展示当前设备的运行数据和运行状态。三维模型中关联设备告警信号和设备运行数据，当设备故障告警或运行状态改变时，三维模型中会指示出报警故障点的具体位置，并联动视频监控系统查看现场情况，方便用户精准确认告警设备、及时处理故障情况。

（2）变电站监控。监控系统可实现对变电站主要电气设备运行参数、设备状态、设备的通信状态和通信报文等现场运行情况进行实时显示监视。画面具有电网拓扑识别功能。具备断路器、隔离开关、保护装置复归和主变压器分接头等全站设备的操作功能。

监控系统具有以下功能：

1）主接线及间隔分图。通过全站主接线图、全站事件和越限告警界面以及各个设备区、一次间隔、楼房、小室、屏柜、装置的分图实现对变电站设备的全面监视。

2）全站告警信息。对告警事件按正常状态、异常告警、故障跳闸等级别进行分页显示，各分图界面还可查看本图所包含设备的各类告警信息。

3）各电压等级设备区信息及三维模型。按电压等级设置不同的设备区，各区总览界面包含本区的全部图形树、三维图和接线图，区域主要设备、越限设备、异常设备信息总览等内容，可链接到本设备区所属下级图形界面。

4）间隔主设备状态和运行信息。显示间隔接线图和三维模型，所属一、二次设备名称按钮，间隔设备操作按钮和运行信息。

5）主控室和保护室屏柜状态和信息。按房间建立独立监视画面，可查看屏柜三维模型、基本信息、各装置标签、运行信息、光字牌等内容，可单击装置进入二次设备装置信息界面。

6）交流和直流系统设备信息。监视交流和直流系统接线图、三维模型、运行信息、馈线信息、充电信息。

（3）储能 EMS。监控系统可实现对储能站主要电气设备运行参数、设备状态、设备的通信状态和通信报文等现场运行情况进行实时显示监视，包括采用实物图、仪表盘、表格、曲线等元素综合监视。应支持锂离子电池、钠硫电池、全钒液流电池、铅炭电池等各类电池信息的采集、处理等功能。应具备启动、停机、复位、限功率、设定无功功率、设定功率预测等控制操作。

储能监控系统包括有功功率协调控制模块和电压 / 无功协调控制模块，系统自动接收调度指令或本地存储的计划曲线，采用安全、经济、优化的控制策略，通过对储能变流器（PCS）的调节，有效控制电池组有功、无功输出，形成对有功功率、电压 / 无功的完备控制体系。

储能监控提供完备的闭锁判别功能，包括站级闭锁判别和设备级闭锁判别。站级闭锁判别包括：AGC 充放电闭锁、AVC 增无功闭锁、AVC 减无功闭锁。站级闭锁触发时，闭锁全站 AGC 或 AVC 调节功能。设备级闭锁包括：AGC 控制闭锁、AGC 充电闭锁、AGC 放电闭锁、AVC 增无功闭锁、AVC 减无功闭锁。设备级闭锁触发时，闭锁该单一设备相应功能。

站级闭锁保障系统安全稳定运行，避免系统在故障工况、暂态工况等非正常状态下运行。设备级闭锁可精确判断单个 PCS、BMS 的正常运行状态和实时调节能力，精细化监测储能设备运行工况，保证功率控制系统的高效运行。

储能监控系统支持远方模式和就地模式。远方模式指监控系统按照主站端发送的有功、电压、无功目标指令控制储能充、放电有功功率、无功功率；就地模式是指按照本地设定或主站提前下发的计划曲线值控制储能充、放电有功功率、无功功率。远方模式和就地模式支持人工切换和自动切换功能。运行人员可通过手动切换远方/就地软压板，人工切换远方/就地模式。当监控系统长时间未能收到主站下发的目标指令时，系统可由远方模式自动切换到就地模式，执行本地计划曲线目标。

（4）光伏监控。监控系统可实现对光伏站逆变器、箱式变电站、电池阵列、汇流箱、升压站、环境监测仪等主要电气设备运行参数、设备状态、设备的通信状态和通信报文等现场运行情况进行实时显示监视和控制，包括采用实物图、仪表盘、表格、曲线等元素综合监视，具有友好的用户界面，强大的分析功能，灵活可靠的 AGC、AVC 功能，安全完善的故障报警处理，确保光伏站的安全可靠稳定运行。监控系统还支持对逆变器启动、停机、复位、限功率、设定无功功率等远方操作。

（5）能源站一键顺控。具备能源站内跨系统一键顺控功能，应用先进的自动控制技术、传感和物联网技术、状态自动识别和智能判断技术，通过操作项目软件预制、操作内容模块式搭建、设备状态自动判别、防误联锁智能校核、操作任务一键启动、操作过程自动顺序执行，将传统人工填写操作票为主的烦琐、重复、易误操作的操作模式转变为一键顺控操作模式，将操作流程精简，由程序自动执行倒闸等操作，安全可靠，简单便捷。

（6）智能防误。模拟预演和指令执行过程中自动进行防误闭锁校验，采用双套防误校核机制，一套为监控主机内置的防误逻辑闭锁，另一套为独立智能防误主机的防误逻辑校验。即首先经过监控系统一体化五防的防误闭锁，同时向智能防误系统发送防误校核请求，双套防误校核并行进行，均通过校验后才可以继续执行，若校核不一致应终止操作，并提示错误信息。智能防误系统实时完成防误逻辑校验并返回校验结果，双套防误校核同时满足时执行顺控操作。

（7）光储优化控制。光伏发电出力具有较大波动性，存在着无转动惯量、抗扰动过负荷能力较差等劣势，给配电网的功率平衡、电压稳定、频率质量带来一系列冲击。储能系统作为可再生能源的有益补充，可以在发电侧率先配合能量管理系统的控制策略进行平滑功率输出，辅助可再生能源发电。由光伏组件监测模块、环境监测模块、储能状态监测模块及逆变器监测模块组成光储运行状态监测系统，基于无线传感网设计，利用一体化平台数据、通信支撑，整体控制策略支持在削峰填谷、减少弃光等策略之间切换，整体上提高储能、光伏利用效率。

削峰填谷，可根据电价政策，制定最佳充放电策略，储能充放电策略示意图如图 4-4 所示。

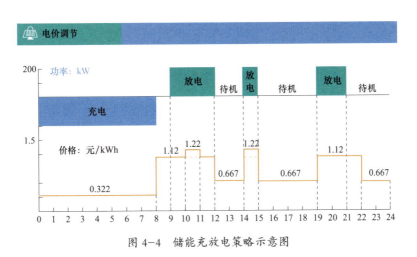

图 4-4　储能充放电策略示意图

利用储能的容量，将光伏无法上网的部分存储起来，待有利时机输出电能到电网，实现双赢，光储联合运行示意图如图 4-5 所示。

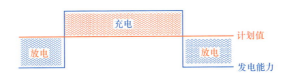

图 4-5　光储联合运行示意图

3.辅助设备一体化监控子系统

智慧综合能源站辅助设备一体化监控系统采用一体化设计理念，统一对变电站、储能、光伏发电、超级充电、数据中心等在内的各类在线监测、辅控、视频、智能巡检机器人等统一管理。建立辅控设备建模，结合SCADA数据与机器人巡检结果实现能源站操作的多重校验，具备智能化巡检功能。辅助设备一体化监控子系统结构示意图如图 4-6 所示。

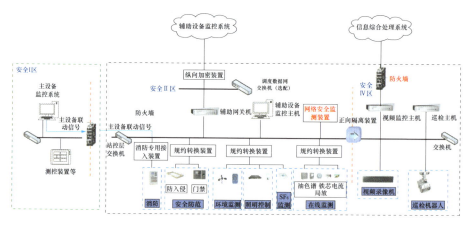

图 4-6　辅助设备一体化监控子系统结构示意图

（1）全面监视。坚持一体化设计理念，统一汇总站端监控后台、在线监测、辅控、视频、智能巡检机器人等数据，实现一台主机辅助设备全面监视。

参照变电站二次系统测控单元设计理念，安防、环境监控、在线监测等系统采取"直采直控"的方式，统一上传站内服务器，减少信息传递和接口层级。

实现主设备、在线监测、辅助、视频、智能巡检机器人等系统信息共享互通，一体化监控平台对各类信息进行综合分析和研判，设备故障、边界入侵、火灾、积水等异常情况发生时，监控平台可自动实现多系统联动。

二、三维一体化的全景展示，通过三维 BIM 建模，直观展示能源站、设备等虚拟场景，实现基于 3D 的可视化展示实现二维画面和三维场景的联动、智能化巡检等，有利于运检人员及时发现、定位、处理故障，提升运维效率。

（2）消防功能模块。消防功能模块在监控后台统一集中监控。因消防系统验收涉及当地消防部门，原则上消防功能模块内部结构保持不变，消防功能模块主机接入辅助系统测控主机中消防系统测控单元后，统一接入监控后台。

站内的整个消防系统都必须得到监控，监控过程基于火灾探测器、红外摄像头、网络通信、硬盘存储等软硬件系统。监控后台集中显示消防功能模块所有遥信、遥控信号，对消防功能模块中每个装置进行集中遥控控制，亦或通过单击一次连接图呈现相应设备的消防监控。消防功能模块现场布置的各装置在监控后台辅助系统监控界面中设置（地理）位置布置图，各装置地理位置可视化，发生故障或报警时，图标对应发生联动变化。通过视频等方式确认消防功能模块装置发出误报警时，监控后台可在监控界面上遥控屏蔽报警信号，仅显示装置故障。当报警状态解除后，后台监控系统应具备远方报警复归功能。

消防报警主机告警点遥信报文规范化。消防报警主机遥信报文设置应能按照现场实际所有点位编制，以监控后台遥信报文为模板规范防报警主机告警点遥信报文（不可仅上报故障装置相应设计编码），方便运维人员查阅、确认报警信息。

消防功能模块的核心是将站内前端设备获取的各种数据安全完整地传送给运维站以及调控中心。这些数据不仅仅包含能源站现场实际情况、电力设备运行状况等影音资料以及控制信号的开关量，还包括为了确保能源站安全的多维度测评信息，如门禁、权限、灯光、消防等信息。消防功能模块还应与视频监控系统、空调（通风）系统、灯光智能控制系统具备联动功能。当消防功能模块发出火灾报警信号后，同一区域内空调（通风）系统应联动关闭、灯光照明联动开启，同时监控后台相应界面自动弹出显示，同一区域内视频监控系统视频自动弹出。

（3）图像监控功能模块。站内图像监控功能模块由红外快速摄像机、云台摄像机、固定摄像机、烟感报警器等设备组成，能够完成对站内实时图像的显示、监控、存储等功能；具有自动轮巡功能、多级电子地图功能；能够远程控制所有监控设备，远程布防／撤防控制；能够对报警信息进行分析、处理，自动保存、打印；系统具有较强的容错性，不因误操作等原因导致系统出错；具有自诊断功能，能够在线诊断，显示告警信息。

同时，图像监控功能模块与设备故障及其他系统进行有效联动。一次设备发生故障跳闸时，该区域视频系统摄像头与故障设备及跳闸断路器进行联动，并在监控平台中故障一次设备单元界面中弹出并可远方遥控。防系统报警、消防功能模块报警、灭火系统报警、环境监测子系统故障，该区域视频系统与相应系统（装置）进行联动，在监控平台相应设备单元分图中弹出并可远方遥控。

（4）机器人巡检功能模块。机器人巡检功能模块由机器人本体、充电系统、无线传输系统、本体监控后台及辅助设施组成。使用无轨导航模式，实现快速部署；采用四轮独立驱动，提供高清晰度红外及可见光视频图像；采用基于激光雷达和惯导组合的精确地形匹配的导航方案；超声防撞，可原地全方位运动；采用"机器人＋视频"，基于人工智能、图像识别、定位导航等技术，实时接收车体、云台状态信息并上传，四轮独立驱动及柔性匹配控制可以实现零转弯半径，原地360°旋转，现场路径规划灵活，环境适应能力强；具备自主导航、自动记录、智能识别、远程遥控等功能全面覆盖户内外设备巡检，提升巡检效率、降低巡检成本。

（5）智能联动。系统主设备与辅助设备联动管理，包括具有主设备遥控预置信号联动功能，支持主设备监控系统告警联动功能等。

系统辅助设备监控子系统间联动管理，包括：安全防范系统入侵报警联动；图像监控功能模块与火灾报警、门禁系统、安全警卫等子系统联动，根据需要打开弹出现场视频监控预览窗口，开启录像进行图像采集；打开报警防区对应回路灯光照明；环境监控子系统与相关设备联动，当监测到

SF_6 泄漏或 O_2 浓度过低时，自动开启风机；温度超过阈值时，自动开启风机或空调；室内湿度大于室外湿度时，自动排风除湿，室内湿度小于室外湿度时，自动开启空调加湿；监测到水浸场景时，开启水泵排水；智能灯光子系统根据时间、光感度等设定条件，对灯光进行开启和关闭。

消防功能模块火灾报警联动，包括：具有气体灭火功能的火灾报警控制器在接收到满足联动逻辑关系的首个触发信号（任一防护区域内设置的感烟火灾探测器、其他类型探测器或手动报警按钮的首次报警信号）后，启动设置在该防护区内的火灾声、光警报器，在接收到第二个触发信号（同一防护区域内与首次报警的火灾探测器或手动报警按钮相邻的感温火灾探测器或手动报警按钮的报警信号）后，应发出联动控制信号；支持门禁紧急开门联动提示和确认、操作，方便火灾区域的人员逃生；联动控制火灾层和相关层前室送风口的开启、加压送风机的启动、电动挡烟垂壁的降落；由湿式报警阀压力开关的动作信号作为系统的联动触发信号，由消防联动控制器联动控制喷淋消防泵的启动；消防联动控制器发出应急广播系统的联动控制信号，当确认火灾后，应急广播系统首先向全楼或建筑（高、中、低）分区的火灾区域发出火灾警报，然后向着火层和相邻层进行应急广播，再依次向其他非火灾区域广播，3min 内能完成对全楼的应急广播；消防应急照明系统在发生火灾时点亮所有消防应急灯具；消防联动控制器在自动喷水系统动作前，联动切断本防火分区的正常照明电源和非安全电压输出的集中电源型消防应急照明系统的电源输出；联动消防 119，上报火情。

4. 智能运营子系统

智能运营子系统汇聚能源站全部信息、供电区域的各类用电信息、供电区域内的分布式新能源信息、本区域气象和市政等公用信息，实现以能源站为中心的信息汇聚与整合。建立能源站数据中心，以主设备、辅控设备为核心的统一模型为基础，为在线监测、分析、预警和辅助决策等能源站高级应用提供支撑。智能运营子系统结构示意图如图 4-7 所示。

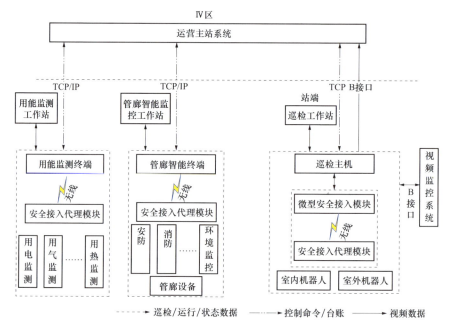

图 4-7　智能运营子系统结构示意图

（1）能源站业务中台。能源站业务中台，汇聚所有能源站、所有设备的监控数据。场站层面，包括变电站、储能、光伏发电、超级充电、数据中心等数据；数据层面，包括安全Ⅰ／Ⅱ／Ⅲ／Ⅳ区所有数据；设备上，涵盖所有能源站的所有具备智能通信接口的设备。

（2）能源站智能巡检。智能巡检，包括常规监控、视频监控、机器人等手段联合巡查，自动轮巡、靶向式巡查等巡查手段相结合，巡查数据通过大数据统计分析，发现异常后，推送到业务平台，自动报警。

（3）分布式能源运营。信息流路线上，接入能源站的分布式能源，信息按照规范提供，能源站可直接利用所部署的计算资源，Ⅳ区数据支持对公网安全发布，用户只需安装一个 App，支付少量费用即可实现对下辖分布式能源场站的监视功能，大大提升了分布式能源运营的经济性。

（4）大客户综合服务。可再生能源和负荷波动情况下，考虑市场化环境下的价格机制，对综合能源系统运行方式进行优化，通过微源、储能及

柔性 / 可控负荷的运行策略调节提升综合能源系统效益。

通过大数据集成，在用户基础信息、台账信息、用能过程信息基础上，应用统计分析、机器学习技术，实现用户用能特征精准分析，形成"用户画像"，明确用户用能需求，指导能源站综合用能业务开展。

（5）综合管廊监控。运用物联网技术、信息化技术、数据诊断、分析技术和集中一体化管控理念，实现对公用管廊的监控，范围涵盖综合管廊内部、综合管廊外部、监控主站、调度端四部分，功能上集成综合管廊网络通信系统、电缆在线状态监测系统（电缆光纤测温、电力电缆护层接地电流监测、电缆局部放电监测）、水位监控系统、通风监控系统、管线泄漏告警系统、视频联动系统、人员出入口监视系统、环境监测系统、综合管廊人员定位、应急指挥系统等，在全方位的信息采集基础上利用网络进行数据传输、信息综合处理和远程控制，实现在统一的信息化平台上实现各系统数据共享、存储、分析、展示，提供管理人员一整套方便有效的分析、管理工具，真正实现综合管廊管理的数字化、可视化、智能化，提高综合管廊防灾减灾能力。

（6）综合能源服务。研发智能网关、能效监测终端、非侵入式检测终端，研发移动式能效诊断和综合评价等实用化工具，研究电、气、冷、热等多能源耦合建模、配置策略及柔性协调控制技术，支撑综合能效服务业务全面发展。基于泛在电力物联网技术和智慧能源综合服务模块实现供区内用户能效实时监测与分析，提供监控、计量、计费、交易、运维等平台化共享能力，为打造供区综合能源多级交易组织、多能协同、利益共享的新型商业模式提供支撑。

4.2.3　关键技术

关键技术如下：

（1）基于大数据和人工智能技术的用能特征分析。基于大数据和人工智能技术，重构用能特征预测技术，实现变电站用能自动聚类分析，从而优化储能站的运行调度，实现三站的最优化调度。

（2）"变储光充数"电能协调优化控制。通过对最大耗能单元即数据中心用能的建模分析，基于一次能源侧能源调度优化模型和基于动态多智能体系统的能量协调控制策略，掌握多站的用能大规律，结合功率预测，网络内电能电压被有效地控制在允许范围内波动，保证输出电能的高质量，实现光伏最大化利用、储能最优化控制，达成多站安全、优化运行的目标。

4.3 通信架构

4.3.1 基本概况

智慧综合能源站的通信架构是以数据中心为核心链接两张网络（即智能电网、互联网），实现电力用户及其设备、电网企业及其设备、发电企业及其设备、供应商及其设备，以及人和物的互联互通，为用户、电网、发电、供应商和政府社会服务，为更多市场主体发展创造更大机遇。

因此，需要研究智能电网、数据中心、互联网之间的通信组网方式，将能源生产端、传输端、消费端的数以亿计的设备和系统连接起来形成泛在电力物联网。

研究智慧综合能源站新能源设备和物联网设备的接入方式，满足变电站、储能、光伏发电、车联网系统等的接入，充分利用原有各组网现状，通过合适的手段把各子网连接起来，实现多系统数据的统一采集。

研究变电站、储能、光伏发电、车联网系统等子系统，扩展主设备监控和辅助设备监控组网范围，研究新型辅控设备的数据交互需求，覆盖安防、消防、门禁、环境监测、照明、一次设备在线监测、智能锁控、巡检机器人、视频监控等辅控设备，针对新型辅控设备的物理形态、通信接口，有针对性地选择合适的通信手段。

研究调度数据网、无线专网、无线公网、NB-IoT、电力线载波等技术的综合应用。

4.3.2 通信网络结构

智慧综合能源站通信网络为"三层两网"结构,"三层"为上行层网络、主机控制层网络和终端接入层网络,"两网"为智能电网、互联网。智慧综合能源站通信网络"三层两网"结构如图4-8所示。

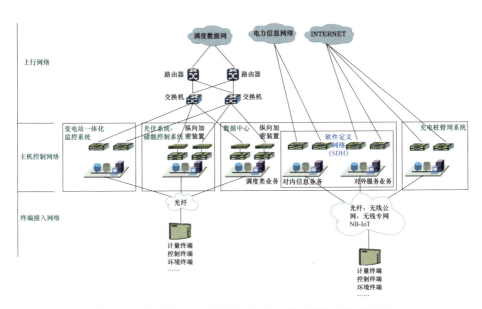

图4-8 智慧综合能源站通信网络"三层两网"结构示意图

1. 三层网络结构

上行层网络实现智慧综合能源站与 INTERNET 网络以及电力的调度数据网和信息网的连接,通信方式采用光纤接入。

主机控制层网络是智慧综合能源站各系统的服务器局域网,集中接入能源站主设备一体化监控子系统、辅助设备一体化监控以及智能运营子系统等子系统。主机控制层网络根据其服务对象不同,可分为调度类业务和对外服务业务。调度类业务通过光纤接入;对外服务业务可通过光纤、无线公网、无线专网、NB-IoT 等多种网络连接。

终端接入层网络是采集各类控制、环境等底层基础数据,接入子系统,实现多系统数据的分散采集统一管理。

2."两网"业务

能源站综合监控与运营系统以数据中心为核心链接智能电网、互联网。数据中心根据服务对象不同，可分为智能电网业务和互联网业务。

智能电网业务主要服务于电力公司内部，应用范围包括智能电网管理、信息数据的采集、边缘计算、分布式云中心等。

互联网业务主要面向用户，服务内容为：数据中心资源进行云化后对用户提供基础资源（IaaS）、平台（PaaS）、软件（SaaS）等服务；还可以提供数据中心租赁等硬件服务。

4.3.3 关键技术

关键技术如下：

（1）变电站、储能、光伏发电、车联网等多子网集成技术。研究变电站、储能、光伏发电、车联网等各类型厂站的组网方式，分析通信特点、数据流量及通信距离等因素选择一种合适的通信方式，实现各类型子站的有序集成。

（2）通信融合接入技术。充分利用各类通信新技术，针对各类型辅控设备及新能源的特点，考虑经济性、可靠性、易用性等因素，合理选择微功率无线、宽带电力载波、5G等技术，实现各类新能源设备及辅控设备的接入，完成各类信息的采集。

4.4 全景安全

4.4.1 基本概况

全景安全是多维度、多层次、全方位的综合安全体系，包括人身安全、设备安全、网络安全、安全管理体系等组成部分。

人身安全是指作业过程中所有人员的安全保障。人身安全主要涉及人员的安全意识教育、安全提示、安全装备佩带、作业过程的监护等安全规章，作业对象的安全状态评估，紧急危机情况下的人员安全方案等。

设备安全考虑了门禁管理、防火消防以及设备自身的安全。

网络安全包括内部和外部的网络组成及边界结构安全、整个网络系统的内外交互和行为安全监测、系统内设备的自身安全、网络故障出现风险的时候的应急处理。

安全管理体系指整个工作过程上的人、物、运行等方面的安全管理和过程安全控制。安全管理体系是构成全景安全的重要组成部分，包括人员、设备、系统运行等一系列安全要求和过程域安全控制。

4.4.2　人身安全

人身安全的功能实现主要从安全意识教育培训、安全装备配置、作业过程安全监护、安全状态监测评估、紧急情况的安全处置等几个方面落实。

人身安全首要的是加强人自身的安全意识和人身安全的首位度。在单位的规章制定上、工作培训上将人身安全作为安全建设的核心内容。在新员工上岗、岗位的考核、岗位工作内容上均体现人身安全的核心要素，安全培训包括安全意识教育、安全制度学习、安全器具的使用、应急救援措施、安全方案演练等。

安全装备的配置要到位。落实人身安全的技术层面需要相应的装备保障，包括安全帽、绝缘隔离设备、专用工作服、验电器具、安全带、安全围栏、警示标牌等。

对电气设备的检修、安装调试等存在安全风险的作业过程必须设置安全监护人，按照相关安全规章制度共同监督和协助作业人的安全。

对作业过程的安全状态进行监测，结合数字化安全装备的应用，实现人员定位及行为监测。人员位置实时跟踪，工作状态图像数据实时上传，及时识别风险，对作业过程的安全状态进行评估，通过行为监测数据的积累和大数据分析，评估人员、作业种类、作业场景等安全风险和安全经验，实现更为精准的风险评估与排除。

人身安全的保障工作中必须始终有紧急情况下的应急预案，包括医护人员、医护器械、交通、通信、人员准备等，可以实现紧急救护被伤害人，同时尽量减少正在发生的人身伤害等目标。

4.4.3 设备安全

设备的安全主要是防火消防的安全。在现有消防系统的基础上结合物联网技术建设智慧消防平台，优化站端消防信息采集、制定消防策略，具备消防报警、紧急控制、消防设备运维管理、安全巡检、风险管控、电子预案等功能，实现如下目标：

（1）实现对火灾现场的实时监视和全局预判能力。

（2）实现对消防设施相关设备的运维管理能力。

（3）实现对火灾消防设施的统一调度能力。

（4）实现对火灾消防的预案处理能力。

站端消防自动化系统网络架构如图 4-9 所示。

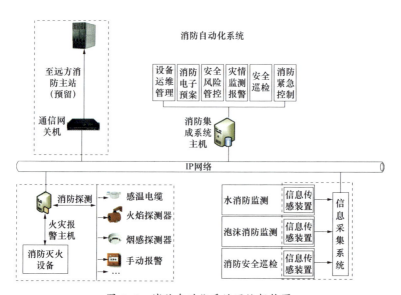

图 4-9　消防自动化系统网络架构图

主要功能如下：

（1）火灾灾情监测与报警。监测火灾探测设备和火灾报警主机的运行信息，提高火灾灾情监控的覆盖率，优化设计火灾灾情报警防误逻辑，当发生火灾时，联动多媒体报警、监测画面推送、119 火警等。消防策略如图 4-10 所示。

图 4-10　消防策略图

（2）消防设备运维管理。通过全站火灾探测、消防设施的运行状态在线监测，掌握设备的健康状况，实现全寿命周期管控；实现全站消防设施台账数据化管理，支持资料查询、缺陷管理、检修计划编制、检修记录管理等功能。

（3）安全巡检。安全巡检基于"追本溯源、不可篡改"的理念进行设计，集"二维码、NFC 标签、蓝牙"等多种标识方式于一体，通过对站内安全部位进行标签标识，实现安全巡检配置、巡检计划、巡检执行监控、异常处置、巡检评估等功能。

（4）风险管控。针对电网设备、劳动安全、作业环境、消防设施等"人、机、法、环、管"5 个方面，进行消防安全风险因素的分级管控与隐患排查治理，实现消防安全风险四色图结果呈现、风险动态预警、风险模型设计、风险规则化控制、风险态势评估等功能。

（5）电子预案。集"预案编制、预案执行、预案演练"于一体，针对能源站关键部位、消防设施等位置，实现了预案场景设计、预案动态展示、初起火灾预案管理等功能，并提供消防模拟演练功能，提升运维人员消防安全业务能力。

4.4.4 网络安全

按照国家能源部、国家电网有限公司关于监控系统网络安全防护理念，网络安全防护技术包括"结构安全、本体安全、行为安全、可信免疫"四个部分，分别为：

（1）结构安全采用十六字方针：网络专用、安全分区、纵向认证、横向隔离。将能源互联网的监控系统进行安全分区，并在安全区域的边界上部署专用网络安全设备，作为系统边界安全防护的第一道防线。

（2）本体安全体现在能源互联网系统中监控主机、嵌入式装置、网络交换机等设备的本身的安全设计和加固，作为系统安全防护中的第二道防线。

（3）行为安全体现在对能源互联网监控系统的运行过程和网络行为进行网络安全状态的监测和风险评估，并汇总为区域性的网络安全监管和态势感知。

（4）可信免疫体现在设备和系统的可信链设计。设备的基础组件运行、设备间通信以及系统间通信，考虑身份识别和权限认证，建设可信传递机制。

安全技术的架构如图4-11所示。

网络安全不仅仅是技术的问题，还需要在系统配置考虑足够的安全裕度。在系统中对关键网络路径、关键数据库、关键系统配置参数等进行冗

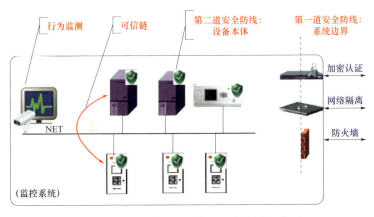

图4-11　监控系统网络安全防护体系示意图

余设置，作为紧急情况下的主备切换和系统恢复的准备。

4.4.5　管理体系

管理体系是构成全景安全的重要组成部分，安全管理的完整体系是全时空泛在覆盖的，涉及人身、设备、网络等各个空间环节，各种安全角色和设备的设计、开发、生产、供应、运行、退役的全生命周期，包括人员、设备、网络系统运行的规章、作业流程等制度性建设，也包括设备制造、系统集成、项目实施等很多过程控制，同时包括设备制造商、系统集成商、业主等多个角色的安全要求。

4.4.6　关键技术

全景安全的关键技术包括网络本体安全技术、网络行为安全技术、网络可信安全技术、智慧消防等。

1. 网络安全本体安全防护技术

系统设备的本体安全是指包括监控主机、保护控制 IED、网络交换机等设备的自身的安全设计和安全加固，包括访问控制的授权机制、基于角色的权限管理、关键信息的保密存储、网络服务的安全控制、运行过程的日志和审计等安全措施。

本体安全通过安装服务器主机、嵌入式装置加固软件实现如下功能：操作系统安全加固或者采用国产安全操作系统；关闭不必要的或者不安全的网络服务，如 FTP、HTTP、TELNET、SMTP 等，关闭高危端口如 139、445 等；对数据库进行漏洞安全加固；采用基于角色的不同权限管理实现灵活的安全控制，对用户名口令进行安全加强，用户名口令等关键信息进行保密存储；对系统的运行和操作等进行日志记录审计；配套工具的连接访问必须实现身份认证和加密通信传输。

2. 网络安全行为安全监测技术

行为安全就是在监控网络上配置网络行为的监测和分析设备，用于对监控系统运行的网络行为安全状态的感知、告警、管控和审计。感知就是监视网络流量、监视网络链接、监视并存储原始网络报文、监视监控主机的安全指标，并进一步分析网络通信的合法性和网络系统的风险等级。告警就是对监控系统范围内的网络和主机在安全状态上的异常行为进行告警信息的实时推送画面、实时上送主站。管控就是可以直接管理非法移动存储设备的接入和运维调试的接入。审计就是对监控系统的网络安全行为进行记录审计，便于安全评估和事件追溯。

3. 网络安全可信免疫技术

可信免疫是监控系统的主动防御能力，主要在设备内部、设备之间以及系统与系统之间交互等环节中实现，目前在实际的产品和系统中建设完整的可信链会有一定的难度，一般可以在部分环节建设部署可信免疫。

可以在监控主机中部署国产安全操作系统，对应用程序的加载运行设置白名单黑名单，对数据库的访问设置白名单黑名单，对主机或者装置的外部通信建立加入身份认证机制，同时设置白名单黑名单。对于有条件的监控主机和嵌入式装置，可以加入安全启动机制，包括安全 BOOT 和可信根证书，并将该安全启动作为该装置的安全可信的起点。

4. 智慧消防

智慧消防系统的建设，以 5G 网络建设为基础，利用物联网、云计算、互联网信息技术的集成应用，形成信息化、智能化的站内消防新型管理形态，有效解决消防数据孤岛化即时消失的缺点，通过建立的消防大数据库系统，对站内消防数据进行分类存储、清洗、挖掘和应用。智慧消防物联网的构建如图 4-12 所示。

基于物联网技术的智慧消防系统可对设备的运行状况进行实时的反馈，自动记录设备巡检结果等信息，实现所有设备检查表格的数据化，准确掌握设备状况和运行趋势，维持和改善设备工作性能，实现站内智能防火巡查。智能防火巡查系统如图 4-13 所示。

通过全站智慧消防技术实现就地、集控站及远方的消防控制策略以及

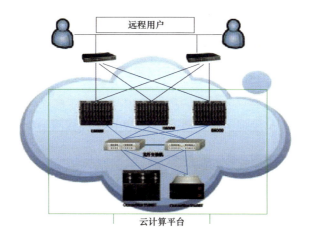

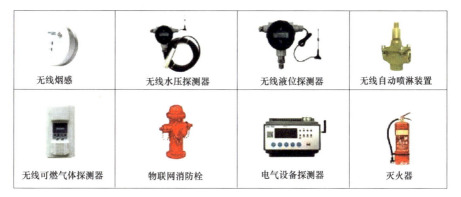

图 4-12　智慧消防物联网构建

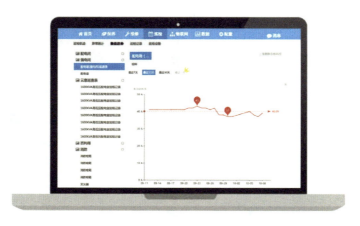

图 4-13　智能防火巡查系统

消防的联动控制措施。通过对站内火灾探测信息采集分析与告警、可视化展示、消防紧急控制、消防设备运维管理、安全巡检、风险管控、电子预案等方式，通过全覆盖智能图像火灾探测系统，配置站内分区域全景视频监视系统，利用红外成像实时热图像的采集对全站设备进行整体扫描式测温，实现消防事故"早发现，早处理"。智能图像火灾探测系统如图4-14所示。

图4-14　智能图像火灾探测系统

火灾发生前，进行风险判别监测和火情预警；突发火情时，对火情快速定位事故点、辅助提供火情处理决策、人员疏散及逃生系统决策，最大限度遏制火灾发展，减少人员伤亡，把损失降至最低；火灾发生后，系统展示火灾实时数据，形成火情简报。人员疏散决策辅助系统如图4-15所示。

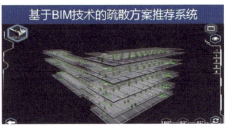

图4-15　人员疏散决策辅助系统

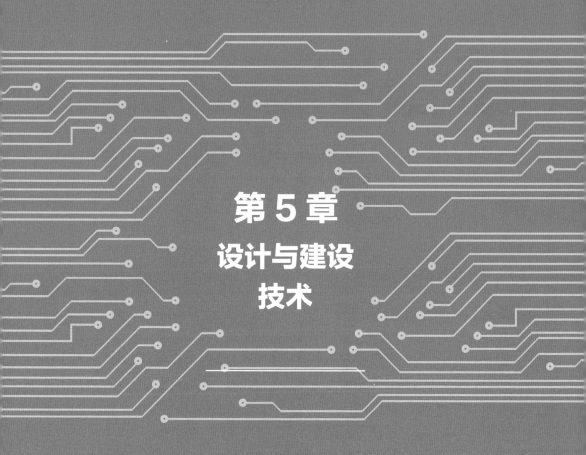

第 5 章

设计与建设
技术

智慧综合能源站采用三维数字化设计技术，为能源站全生命周期数据化管理提供支撑；采用模块化建设技术，提高能源站施工效率和工艺水平。同时，通过引导制定相关设备标准，促进智慧综合能源站相关设备制造业的良性发展。

5.1 三维数字化设计技术

5.1.1 基本概况

信息技术的飞速发展对人类社会产生了巨大影响，极大提高了社会生产力，引起了人类生产、科技乃至生活各个领域的深刻变革。三维数字化技术的出现也必将引发工程设计领域的新一次变革。

智慧综合能源站三维数字化设计集成了变电站工程项目的各种相关信息的工程数据模型，是对工程项目设施实体与功能特性的数字化表达。一个完善的信息模型，能够连接项目生命期不同阶段的数据、过程和资源，可解决工程数据之间一致性和全局共享问题，支持项目周期中动态的工程信息创建、管理和共享。

三维数字化设计技术研究的目的是从根本上解决项目规划、设计、施工及运行维护等各阶段应用系统直接的信息断层，实现全过程的工程信息管理乃至能源站生命周期管理。三维数字化设计数据传承示意图如图 5-1 所示。

应用三维数字化技术进行能源站工程的建设是未来的发展趋势。目前，国内有很多电力企业已经在变电站建设的各阶段不同程度地利用各类三维软件开展相关工作。

图 5-1 三维数字化设计数据传承示意图

5.1.2　三维协同设计

三维数字化技术能提供可视化、精细化的三维设计图纸成果，满足业主、用户三维数字化移交技术要求，进一步扩大和延伸设计服务及市场，为智能电网、全寿命周期管理提供三维数字化、智能化管理平台。充分利用一体化三维平台协同设计优势和特点，同时也能有效减少和降低平台底层设计人员数量、劳动强度和技能水平要求。

全专业三维协同设计是通过三维管理平台，建立标准的工程目录管理结构层次，制定文件档案及模型的命名、存放位置等规则，将参与同一个项目的所有人员进行权限分配，按设定的工作流开展设计。

所有项目人员在同一个整体模型下工作，由同一个数据库支撑，数据一次输入、多次利用。每个人员只对自己负责部分的内容有读、写的权限，对其他的人员负责部分只有读取的权限。

设计人员根据需要随时随地地以参考的方式将其他内容引入自己设计的部分，以高效地、直观地完成自己的设计，大大降低本专业与其他专业发生冲突的可能性，进一步提高了设计质量。同时，由于可方便地引入外专业的内容，并能直观多方位地浏览，该功能提高了沟通效率，进一步提高了设计效率。三维协同设计将常规设计的串行设计模式变更为并行设计模式，能缩短项目的设计周期。

5.1.3　三维参数化建模

1.电气设备的三维参数化建模

电气设备的模型分为外形与参数两部分。外形模型是利用建模工具中的最小几何图形单元（基本图元），通过拼接修剪等方式绘制出与电气设备的实际尺寸等比例的三维图形。参数模型详细记录了设备的全部信息，包括设备名称、电气参数、生产厂家等。

2. 电气设计的三维参数化建模

数字化主接线设计。采用全新的数据库技术编制，使整个能源站的逻辑模型具有与三维模型联动设计的功能。使用主接线模块，利用典型图库可以快速创建原理接线图。典型图库可以随时进行扩充，也可以按照不同电压等级下的进出线分别进行设计，设计的信息自动保存在项目数据库中。

三维电气设备布置设计如图 5-2 所示。在进行三维设备布置时，主接线模块自动从项目数据库中获取设备清单，以列表形式显示，方便工程师进行选取。二维原理图的设备参数和三维布置图的参数可以实现实时共享，并可以相互导航。若二维原理图发生更改，通过刷新数据库信息，三维布置图可以自动进行更改。

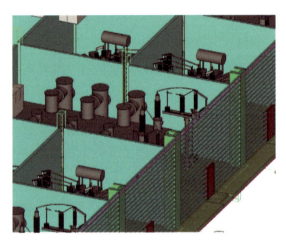

图 5-2　数字化三维电气设计

接地系统设计。采用模块化设计，以快速便捷地完成接地网、接地线、接地井、集中接地装置等的布置；利用三维设计工具同步完成电力部标准的接地电阻、跨步电压、接触电压的计算，生成接地材料表；利用三维设计工具，自动生成三维接地布置图，与其他专业进行碰撞检查的校验。

三维导线设计。导线的选型从型号库中读取，导线库可以随时进行扩充。在设计导线过程中，可以进行绝缘子和金具的选择，从而快速高效地完成设计。导线设计完成后，通过报表生成器，可以自动统计导线、绝缘子和金具的数量，生成报表。导线布置分为软导线布置、硬导线布置、GIS气管布置等。根据工程实际情况选择正确导线形式，输入相应数据在三维模型中布置导线。

3. 建筑物的三维参数化建模

建筑物模型由结构模型和建筑模型两部分组成。结构模型包含建筑物基础、梁、板、柱等结构构架；建筑模型包含建筑物墙体、门窗、洞口、楼梯、勒脚、散水、台阶、坡道、吊顶、墙裙或踢脚等建筑构件。

建筑物结构模型中梁、板、柱等主要结构类型，均可导入数据库中参数化模型，模型包含梁柱截面尺寸、板体厚度等数据和材料名称、标号等基本属性信息。数字化三维结构设计界面如图 5-3 所示。

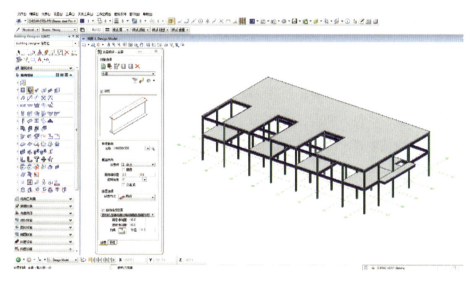

图 5-3　数字化三维结构设计

建筑物建筑模型中墙体、门窗、雨篷、檐口、洞口、楼梯、巡视平台、吊装平台、楼梯及平台护栏、室外爬梯及护笼、散水、台阶、坡道、吊顶、雨水管等基本建筑要素，可包含勒脚、墙裙或踢脚、墙体分格线或装饰条等次要建筑要素。内外墙体模型应包含高度、厚度、材料类型等属性。门窗模型应与实际工程外形一致，并包含门窗名称、编号、尺寸、高度、材料属性。数字化三维建筑设计界面如图 5-4 所示。

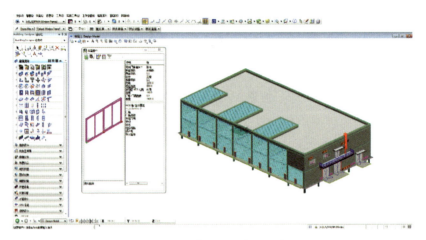

图 5-4　数字化三维建筑设计

4. 构筑物的三维参数化建模

构筑物模型包含围墙、大门、设备支架及基础、构架及基础模型等基本构筑要素，可包含勒脚、墙裙或踢脚、墙体分格线或装饰条、法兰、螺栓等次要构筑要素。墙体模型应包含高度、厚度、材料类型等属性。模型与实际工程外形一致，并包含名称、编号、尺寸、高度、材料属性。数字化三维构筑物设计界面如图 5-5 所示。

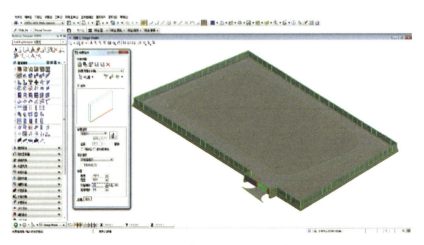

图 5-5　数字化三维构筑物设计

5.1.4　安全设计检查

能源站中的安全设计检查包含硬碰撞检查和软碰撞检查。硬碰撞检查指两元件直接相互接触；软碰撞检查指两元件未发生直接接触，但两元件外壁（包括梁柱墙体楼板外壁、设备外壁、桥架母线外壁、导线管母外壁等）间距小于电气安全距离要求。

1.设备与设备、设备与建筑的碰撞检查

以暖通设备为例，能源站大部分采用风冷热泵式空调及防爆式空调机，部分采用带风管的暖通机组、板壁式轴流风机及排风扇，设备结构较为简单。结合机房的换气要求和科学送风排风原理，暖通专业的碰撞检查可用于暖通设备与墙体的碰撞检查，方便后期预留开孔位置，以及空调机组与轴流风机的距离检查。数字化模型碰撞检查如图5-6所示。

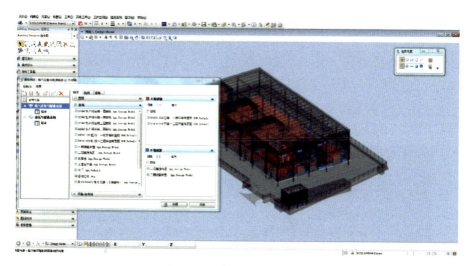

图5-6　数字化模型碰撞检查

2.软碰撞检查（带电距离校验）

三维参数化设计可实现很多二维设计不能实现的校验功能，如带电间隙校验、导线风偏校验等。电气设备布置是能源站工程设计的重点，而带

电安全距离校验技术更是重中之重。对于出现集中、空间受限的关键区域

设计，三维技术可以准确模拟出实际的情况，结合参数化模型信息，快速地完成静态和动态下的安全距离校验。三维技术可直接测量三维空间内设备间的带电距离校验，简便、直观，也可以使用安全距离校验工具，对关键点进行校验。设备电气距离三维校验如图 5-7 所示。

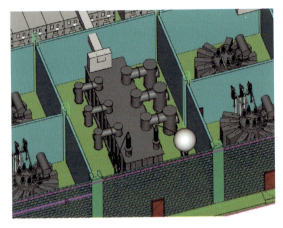

图 5-7　设备电气距离三维校验

5.1.5　三维数字化施工

在能源站施工前，在软件系统中首先进行方案推演，包括基础施工、材料运输、吊机走位、组立吊装、接线拆装、车辆转场等，确保项目在实际实施过程中有足够的施工场地，避免杆件交互碰撞，合理化施工顺序，显著提高实际施工效率。如图 5-8 所示为大体量复杂本体结构下的施工组

图 5-8　大体量复杂本体结构下的施工组装过程预演

装过程预演。

充分利用数字化三维设计模型的特点，基于物联网平台，在设计阶段对站内所有物资用实物 ID 进行编码，采用虚拟上线的形式对站内的物资生产、物流、仓储、安装、交割全过程进行过程精确化管控和可视化展示。当样本足够后结合大数据分析，能对各类型的工程建设进度进行精准预判，有效减少停电时间。

如图 5-9 所示为设备安装阶段的图形化展示，对于一个典型变电站的各区域设备，三条进度条分别展示了设备生产、物流运输及设备安装各阶段的实时完成情况，便于项目管理团队直观了解进度，准确获得影响项目整体交付的瓶颈项目。

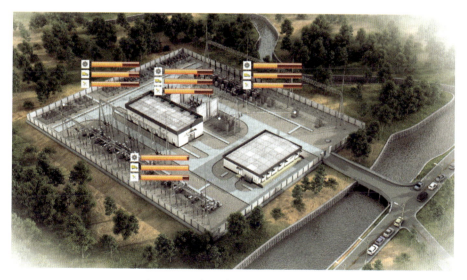

图 5-9　设备安装阶段的图形化展示

5.1.6　三维数字化运维

运维阶段是体现三维数字技术优势的方面之一。运行单位的能源站数据库不仅包括能源站三维模型，还集成了设计、施工的大量信息，因此，可以对能源站内设备的使用年限和状况进行跟踪记录甚至设置定期检查提醒，方便后期设备的维护。三维数字化模型可以方便的为工作人员提供调试、预防和故障修时的各类设备、材料和装饰灯构件的空间定位，通过统计设备关联单元的故障率判断设备故障的概率，以及在需要的时候可以迅速给出各个构件的定位。基于数字化模型对紧急突发情况进行模拟，可以一定程度上做到风险管控和损失评估。

例如，将能源站三维模型与监控系统结合，形成能体现三维画面的信息平台。使用三维虚拟场景和模型来直观展现能源站内场景和设备，将场景和设备的位置信息、状态信息、连接关系等直观展现在用户面前，并实现用户和三维模型之间的交互，让用户对设备的运行可以更直观的掌控。后续进一步配合智能运维平台，实现 VR 实景培训、操作方案预演等应用。如图 5-10 所示为一个数字化三维模型运维场景。

图 5-10　数字化三维模型运维场景

基于三维平台的监控系统能动态、直观、多视角、多层次地展示和管理变电站信息，并且能模拟能源站的安全生产过程，能实现能源站信息的三维直观展示和实时管理维护和监控，具备巡视、倒闸和事故处理等模拟操作功能，极大提高运维的质量与效率。

5.1.7 三维数字化移交

传统的纸质移交模式在进行数据、信息、资料的移交时，工作量大、持续时间长，不能满足工程建设过程中的信息化、智能化管理的要求，容易造成移交资料和内容的不全面，降低工程建设的整体管理水平。

三维数字化移交是全新的、智能化的移交方式，通过建立统一的信息平台、统一的数据约束规范、统一的数据接口规范，形成数据、成果向运行阶段的整体移交。移交内容包括地理信息数据（高分辨率影像、数字高程模型、变电站地形地貌、基础地理矢量数据、专题数据等）、三维设计模型及台账（变电站三维模型及台账）、工程数据（电子化档案、设计信息）等。以上数据的输出，以数据库、软件和规范文档的形式进行提交，为运行管理单位管理信息化及智能化提供基础数据。

5.1.8 关键技术

三维数字化技术可以支持能源站全寿命周期的信息管理，使信息能够得到有效的组织和追踪，保证信息从一阶段传递到另一阶段不会发生"信息流失"，减少信息歧义和不一致性。要实现这一目标，关键技术如下：

（1）三维建模技术。三维参数化模型的创建必须基于三维模型的设计方式，建立三维能源站模型与工程信息的集成机制，研究相关的建模技术和方法。需有一个基于三维图形平台的能源站参数化模型建模系统，直接创建模型对象；也可以通过基于数据接口引擎，获取其他设计软件的相关数据，生成三维参数化对象。

（2）数据交换标准。GIM 标准和 IFC 标准是当前变电站参数化模型构建的技术标准，三维模型的建立需要应用 GIM 和 IFC 的数据描述规范、数据访问及数据转换技术，建立基于 GIM 和 IFC 标准的能源站 BIM 体系结构、模型对象定义以及对象间的关联机制，解决分布式异构工程数据的一致性和全局共享问题。

（3）数据集成平台。能源站三维参数化模型是一个面向能源站生命期的完整工程数据集，它具有单一工程数据源，随着工程进展不断扩展、集成数据，最终形成完整的信息模型。因此，需要开发一个数据集成平台系统，建立三维模型数据的保存、跟踪和扩充机制，实现模型数据的读取、保存、提取、集成、验证和三维显示，能够支撑基于三维设计技术的各种应用软件的开发和应用，实现能源站生命期各阶段的信息交换和共享。

（4）三维数字化交付和动态场景展示及运维。三维数字化交付以智能化的方式，通过统一平台、规范，将设计成果向运行阶段整体移交，为用户奠定信息化、智能化管理的基础。结合三维设备信息，利用三维虚拟场景技术，向用户直观地展现能源站的全景信息，能极大提高能源站运维质量与效率。

5.2 模块化建设技术

5.2.1 基本概况

近年来，国家电网有限公司积极创新工程建设模式，开展"标准化设计、工厂化加工、模块化建设"，实现建设方式从传统的"量体裁衣"向"成衣定制"转变，从而提高工程安全和工艺质量，提升节能环保水平，降低全寿命周期成本。实施智慧综合能源站模块化建设是国家电网有限公司建设"三型两网"世界一流能源互联网企业的重要举措。

传统变电站的施工现场，经常呈现出来的是机器轰鸣、人员穿梭的繁忙景象，如此多的人、机器同时协同作业是目前我国工程建设的最大特色。大量工种同时进行作业，一旦其中某一个环节出现问题，将会导致其他相关联的工种的停工，问题严重时将会使项目工期被无限期延后。这种作业因建造队伍的技术水平参差不齐而使工程质量很不均衡，同时施工周期较长，现场文明管理难度较大。

在智慧综合能源站建设过程中，将会涉及更多的专业领域，比如智能变电站、储能、光伏发电、超级充电、数据中心等不同的专业模块，使用模块化建设技术在保证工程质量的前提下，不仅可以大大降低工程管理难度、缩短工期，而且也提高了专业化水平。

5.2.2　智能变电站模块化建设技术

智能变电站一般是采用先进、可靠、集成、低碳、环保的智能设备，以全站信息数字化、通信平台网络化、信息共享标准化为基本要求，自动完成信息采集、测量、控制、保护、计量和监测等基本功能，并可根据需要支持电网实时自动控制、智能调节、在线分析决策、协同互动等高级功能，实现与相邻变电站、电网调度等互动的变电站。

与传统变电站相比，"模块化"变电站具有两大飞跃，一是在土建过程中采用全预制装配结构建筑模式，摒弃了传统的现场"湿法"施工，从而节约了水资源、保护了生态环境。二是通过工厂生产预制、现场装配安装两个阶段建设，从而大大缩短建设工期。这两大改进提高了工程整体水平、安全运行水平，最大程度实现成本最优和节能环保。

1. 模块化智能一次设备

通过对已有智能设备及国内外技术水平的调研，智能变电站采用按间隔"一次设备本体 + 内嵌的智能综合组件 + 外置的智能综合组件的"设备智能化方式，由一次设备本体整合传感器、在线监测、智能终端、合并单元功能，整体模块化实施。

明确开关设备及主变压器设备智能组件的组成结构及技术要求，以满足一次设备具备自身状态信息管理、自诊断、自评估和控制的功能，通过与智能组件结合，构成具有测量、控制和监控功能的统一实体。

各在线监测 IED 采用"插件式"机构，"模块化"设计，实现在线监测 IED "即插即用""多间隔共用"。通过选配不同的插件功能单元，插件式 IED 能够适用于不同的应用场合及不同的功能需求，增强了系统的可扩展性。

根据智能一次设备的技术现状，提出智能一次设备机构二次线与智能终端、合并单元的优化集成方案，并根据户内站的环境特点要求提出适合的智能组件柜设计方案。具体内容为：智能高压组合电气机构二次线与智能终端、合并单元的优化集成；智能变压器二次线与智能终端、合并单元的优化集成；智能一次设备标准二次接口分析。

提出使用"智能组件＋航空插头"代替"控制电缆＋端子排"，实现二次接口标准化、简化二次回路的设计，实现一、二次设备的模块化及"即插即用"。

选用性价比高、环境友好、实用性好及运行成熟的设备。

根据智慧综合能源站中智能变电站的系统参数和短路电流水平，优先选择国产化高、通用性高的设备。积极采用占地少、维护少、环境友好、全寿命周期内性能价格比高的设备。除主变压器和电容器外，其他设备皆选用无油设备，减少维护量，降低环境污染。

（1）220kV 选用户内 GIS 设备，110kV 配电装置选用户内 GIS 设备，具备节省占地和维护量少的优点。

（2）10kV、35kV 配电装置采用气体绝缘金属封闭开关柜。这种开关柜设计紧凑、体积较小、运输方便、可靠性高、对环境要求低。在建设时完全可以采用多个间隔整体运输，现场统一组装，这样可大大降低运输成本与建设时间。此外，多间隔统一组装也降低了单间隔组装时的装配工作量，缩短了建设工期，同时提高了装配精度，为后期运维检修提供了良好的基础。

（3）智能变压器。主变压器选用集成式智能变压器，智能组件和传感器与变压器本体高度集成，同时兼顾结构紧凑，损耗噪声小的要求。主变压器选用智能免维护变压器。

2. 模块化智能二次设备

模块化二次设备于厂内按模块功能分别组屏后，将功能相关的屏一并安装于厂内预制的基础槽钢上，槽钢高度可以根据现场有无架空地板、架空地板高度进行调整。在厂内完成屏柜内设备之间的配线，并完成完整功能模块的二次系统调试工作，现场只需要预留地面上固定槽钢的埋件。安装于预制槽钢上的模块化二次设备如图 5-11 所示。

图 5-11　安装于预制槽钢上的模块化二次设备

在现场安装时，使用吊装工具，将模块化的二次设备起吊至二次设备室的设备运输门处，然后使用板车等，将整体二次屏柜运输至预定位置，卸装后将模块化二次设备的整体槽钢基础固定至预留基础上，二次设备的固定安装就已经完成。底座包括行线及收纳线缆用的槽盒、接地附件及铜排、防静电地板支撑板等零件，使框架具备承载机柜、行线、收纳线缆、接地等功能。

以上做法的优点在于：节省了二次设备室内屏柜基础槽钢的制作量，减少了现场二次屏位安装的工作量，取消了现场功能单体的调试工作量，从而达到减少现场工作负荷，缩减变电站建设工期的目的。

在工厂生产的过程中，于预制槽钢的下方预制二次电缆槽盒，于每个屏的下方预留好对外槽盒的接口，如图 5-12 所示。模块内屏与屏之间的接线在厂内连接完成。槽盒内预留使用固定二次电缆的缺口，全用扎线带将厂内连接的二次电缆固定于槽盒底部，以防运输过程中二次电缆走线变混，如图 5-13 所示。

图 5-12　预制二次电缆槽盒　　　　图 5-13　内部电缆的预先引接、固定

　　待二次屏就位后，在现场用预制的二次设备室槽盒与现有的预制槽盒连通，进行外接电缆的敷设。

　　以上做法的优点在于：取消了施工现场二次电缆槽盒的制作安装量，减少了二次电缆的敷设量，降低了施工难度，缩减施工周期。

　　结合能源站站内配电装置型式及平面布置，根据功能相近的原则，按照区域组合各二次屏柜，形成全新的二次设备模块柜。统一柜体结构、尺寸、接口，达到工厂化预制，现场插接式安装的目的，减少现场接线调试工作量，缩短建设工期。

　　3.二次设备模块化分类

　　（1）预制式二次组合设备。模块化二次设备是根据能源站二次设备的不同功能、将原先分散布置的各个屏柜，按照相近功能、区域组合的理念，组合成为若干模块化的大屏柜。模块内各分散布置的设备视为一个整体部件，统一外部接口，对外表现为一个单一的装置。

　　（2）预制式智能组件柜。根据能源站设备配置，对全站智能组件柜柜体尺寸、柜面布置以及端子排布置原则等进行规范，提高屏柜整体的整洁美观性，同时方便工程建设、施工及运维管理。全站二次设备模块化设计方案如图 5-14 所示。

　　智慧综合能源站根据电压等级及接线形式研究二次设备屏柜布置方案，

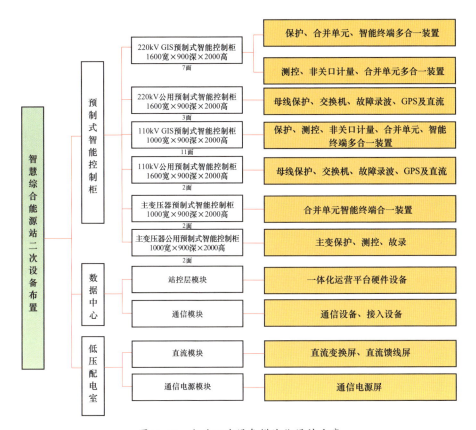

图 5-14　全站二次设备模块化设计方案

结合"标准化设计、工厂化加工、模块化建设"建设模式，主要考虑以下二次设备模块化方案：

站控层设备模块、公用设备模块、通信设备模块、主变压器间隔模块与电源系统模块布置于二次设备室内；220kV、110kV 间隔层设备按间隔配置，分散布置于就地预制式智能组件柜内。

直流电源分散布置于各电压等级场地及二次设备室。

5.2.3　储能模块化建设技术

近年来电化学储能电站正如火如荼地发展，我们也一直在积极探索储能电站建设的新模式。为逐步实现储能电站的标准化建设，系统集成模块化，减少施工周期，大胆而富有创意地研究设计了模块化储能电站。

模块化储能电站，是一种以标准化预制基础和标准化集装箱为载体的新型储能电站，主要包括预制基础模块和预制标准集装箱模块两部分。储能电站的核心设备主要包括能量管理系统（EMS）、协调控制系统（PMS/CCU）、储能变流器（PCS）、电池系统（BAT），将这些系统在工厂集中解决并完成调试。工厂化加工方式对储能电站建设来说，可严格控制储能电站的建设质量及成本，同时减小储能电站建设周期。模块化预装储能电站在工厂内已完成调试工作，具备正常运行条件。运输到现场后，只需要接入用户侧母线，即可正常运行。储能电站模块化建设拥有施工周期短、节约总投资、节省土地面积、施工质量易于控制、抵抗地质灾害能力强、后期扩建方便、安全可靠性高、服务接口少和易于环境协调等特点。

5.2.4 能源站建、构筑物模块化建设技术

智慧综合能源站建、构筑物的装配范围包括配电装置楼、围墙、防火墙、电缆沟、构支架、设备基础、水工构筑物等。建筑物应严格按照工业建筑标准设计，风格统一、造型协调、方便生产运行，建筑材料选用因地制宜，选择节能、环保、经济、合理的材料。通过统一围墙、防火墙、电缆沟、构支架等构筑物类型、结构形式，形成标准化预制构件，实现工厂规模化生产；通过规范设备基础尺寸模数，达到标准化设计和施工，提高施工工艺。智慧综合能源站建、构筑物采用装配式建、构筑，实现了"标准化设计、工厂化加工、模块化建设"，减少了现场"湿作业"，提高了机械化施工应用范围，减少了现场劳动力投入，缩短了建设施工周期，降低了现场安全风险，提高了工程建设质量、工艺水平。

1.能源站建筑物模块化方案

能源站建筑物体型应紧凑、规整，在满足工艺要求和总布置的前提下，优先布置成单层建筑；外立面及色彩与周围环境相协调。建筑设计的模数

应结合工艺布置要求协调，宜按 GB/T 50006—2010《厂房建筑模数协调标准》执行，建筑物柱距一般不宜超过三种，减少标准化构件。能源站建筑物根据工艺要求实现建筑平面标准化、立面标准化，从而满足建筑物模块化建设要求。

建筑物外墙板及其接缝设计应满足结构、热工、防水、防火及建筑装饰等要求，内墙板设计应满足结构、隔声及防火要求。外墙板宜采用纤维水泥复合板，城市中心地区可选用铝镁锰板。内墙板采用防火石膏板或轻质复合墙板。

内装系统采用装配式。大部分装修部品构配件在工厂内由高效率、高标准流水线生产（如房门、门套、窗套、踢脚线等），然后到现场进行干式工法组装。

建筑物宜采用钢框架结构或门式钢架结构。当单层建筑物恒载、活载均不大于 $0.7kN/m^2$，基本风压不大于 $0.7kN/m^2$ 时，可采用轻型门式钢架结构。钢结构梁宜采用 H 型钢，结构柱宜采用 H 形、箱形截面柱。钢结构相比混凝土结构有如下优点：

（1）能合理布置功能区间。利用钢材强度高的特点，设计可采用大开间布置，使建筑平面能够合理分隔、灵活方便，而传统结构（砖混结构、混凝土结构）由于材料性质限制了空间布置的自由，以往开间一般常在 3.2m、3.4m、3.6m，如果过大，就会造成板厚、梁高、柱大，出现"肥梁胖柱"现象，不但影响美观，而且自重增大，增加造价。

（2）自重轻、抗震性能好。相同建筑面积的建筑楼层，钢结构自重轻，且钢材具有延性，能比较好的消耗地震带来的能量，所以抗震性能好、结构安全度高。

（3）施工方便、工期短。钢结构构件，可以实现工厂化生产、现场安装。由于现场作业量小，对周围环境污染少，同时，施工机械化程度高，加快了施工速度。根据统计，同样面积建筑物，钢结构比混凝土结构工期可缩短三分之一，而且可节省支模材料。

（4）符合智慧综合能源站模块化建设和可持续发展的要求。钢结构适宜工厂大批量生产，工业化程度高，并且能将节能、防水、隔热、门窗等先进成品集合于一体，成套应用，将设计、生产、施工一体化，提高智慧综合能源站模块化建设的水平。

建筑物楼面板采用压型钢板为底模的现浇钢筋混凝土板，屋面板采用钢筋桁架楼承板，如图 5-15 所示。主要优点是抗震性能、整体性好，在板内预留管线和孔位，无外露明管线，屋面防水性能较好，适用荷载较大的楼屋面，同时也可用于 220kV GIS、110kV GIS 基础的二次浇筑，突破了以往预制板的概念，减少了现场钢筋绑扎工作量，缩短了建设工期。

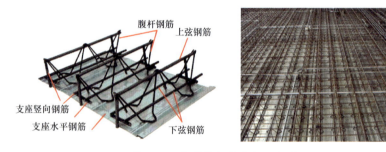

图 5-15　钢筋桁架楼承板示意图

2. 能源站构筑物模块化方案

能源站构筑物包括围墙、防火墙、电缆沟、设备基础、水工构筑物等。根据各类构筑物特点对其进行标准化设计、同时统筹考虑智慧综合能源站所在地材料供应情况，实现智慧综合能源站模块化建设。

（1）装配式围墙、防火墙。结合工程实际条件，因地制宜，通过对多种建造方式、装配方案进行比选，确定围墙及防火墙建造方式、装配范围、装配方案、建材选择，达到安全可靠、经济合理、施工便捷、节能环保的目的。

1）围墙推荐采用预制混凝土柱（300mm×300mm）+ALC 板（100mm 厚）装配式围墙，基础采用杯口基础，实现快速装配施工。ALC 板取材方便，材料可回收利用，节能环保。

2）防火墙墙高一般在 8m 左右，墙宽在 12m 左右，结合主变压器构架人字柱推荐采用钢筋混凝土现浇柱＋清水混凝土预制板，实现装配化，基础采用条形基础。150 厚清水混凝土预制板耐火时间大于 4h，满足防火墙的防火要求。

（2）电缆沟。常规的砖砌、现浇电缆沟截面一般采用"U"形，由于"U"形电缆沟截面具有造型规整、立模与绑扎钢筋均比较方便的特点，因此被广泛采用。

然而，装配式电缆沟从预制工厂生产至站址工地，需要经过长途运输的过程，"U"形截面若作为装配式电缆沟截面形式，由于装配式电缆沟自身天然的特点，"U"形截面电缆沟单体叠放不便、占用空间大、运输效率低。

能源站创新设计了一种标准模数化组合插接式电缆支架体系的装配式电缆沟，如图 5-16 所示。它包括带插入式底座的电缆支架托臂、标准模数化垫块以及带预制插槽的电缆沟壁。该体系具有以下优点：①电缆支架不

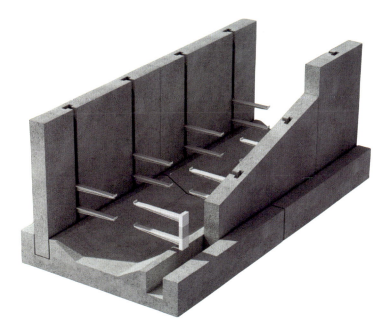

图 5-16 标准模数化组合插接式电缆支架体系结合装配式电缆沟总装图

设立柱，增大了托臂的有效敷设长度；②施工安装极其方便，只要将托臂和垫块按需插入电缆沟壁上预制插槽即可，免螺栓安装，无需在电缆沟壁上打孔，更无需焊接；③标准模数化的托臂和垫块组合灵活，非常容易满足工程建设要求；④标准模数化的托臂和垫块生产制造简单，模具数量少，有利于降低成本。

电缆沟盖板采用新型无机复合电缆沟盖板。新型无机复合电缆沟盖板是以不饱和树脂为基体的纤维增强热固型复合材料，用压制成型技术制成。

（3）水工构筑物。化粪池采用预制式成品玻璃钢化粪池，成品化粪池采用高分子复合玻璃钢材料，内部工艺流程与传统化粪池相同，预制化粪池采用工厂制作、现场安装的方式，减少现湿作业，半天即可完成现场安装，缩短施工周期，降低使用成本。

雨水口采用预制钢筋混凝土雨水口，按照国家建筑标准设计图集16S518标准，标准化设计，工厂化生产，进一步提高产品的整体结构性，使产品更加抗压、抗冲击、抗渗漏、抗腐蚀、耐老化，使用寿命更长。

检查井采用装配式圆形检查井。参考国家建筑标准图集05SS521《预制装配式钢筋混凝土排水检查井》，在工厂里预制标准化装配式检查井的直径后直接在工地安装，保证每个预制出厂的检查井部件的尺寸严格符合设计要求，现场安装时即可达到严丝合缝。

5.2.5 关键技术

建立智慧综合能源站标准化构件，实现工程模块化建设。智慧综合能源站模块化建设为了达到一定的预制率和对成本的控制以及完成预制构件在工厂的自动化生产，一般需要进一步对方案进行深化和优化，包括构件尺寸优化、构件拆分、构件深化、碰撞检测等多个方面。我们运用三维设计技术，将能源站建、构筑物分解为标准化的构件，建立参数化标准构件库，实现能源站建、构筑物结构构配件的专业化、商品化生产，推进工程模块化建设。

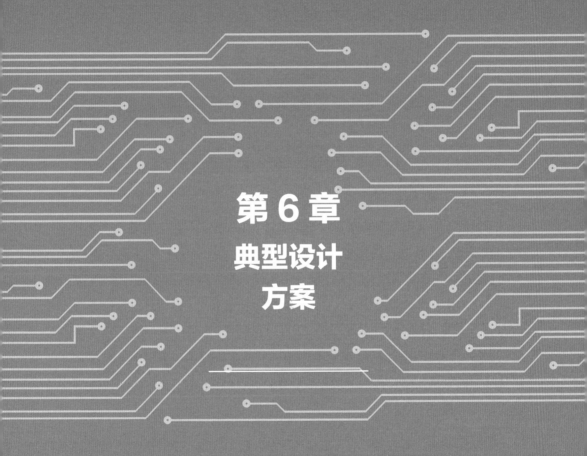

第6章
典型设计
方案

按照国家电网有限公司 2019 年 "两会" 工作部署，围绕 "三型两网、世界一流" 建设目标，助力泛在电力物联网建设，结合变电站地区资源差异、周边用户的用能需求、用户特点、站址条件等实际情况，提出城市型和郊区型两种智慧综合能源站典型设计方案。

6.1 城市型智慧综合能源站设计方案

城市型智慧综合能源站由 220kV 智能变电站模块、储能模块、光伏发电模块、超级充电模块、数据中心模块等组成。

6.1.1 主要设计原则

220kV 智能变电站模块化建设通用设计 220-A2-2 方案，采用全户内布置型式。主变压器为户内水平分体式 240MVA 三相三圈降压结构有载调压变压器。220kV 配电装置采用 GIS 组合电器设备户内布置，电气主接线本期及远景均采用双母线单分段接线；110kV 配电装置采用 GIS 组合电器设备户内布置，电气主接线本期采用单母线分段接线，远景采用单母线三分段接线；10kV 采用金属铠装开关柜户内布置，电气主接线本期采用单母线四分段接线，远景采用单母线六分段接线；10kV 电抗器采用三相一体干式铁芯电抗器户内布置。

储能模块采用户内布置方式，与其他模块按功能分区布置；电池采用锂电池；通过 10kV 线路接入变电站低压母线。

光伏发电模块利用站区屋顶资源，布置屋顶光伏发电板；通过 400V 线路接入站用变压器低压母线。

超级充电模块统一规划停车位建设，设置大功率直流充电桩；采用专用的箱式变压器接入变电站低压母线。

数据中心规划设计的基础是关注电力、制冷能力的提供和必要的基础设施建设，数据中心系统设计应满足安全性需求、可靠性需求、先进性需求、简单易维护需求、智能管理需求、环保节能需求及经济性需求。

6.1.2　工程建设规模

城市型智慧综合能源站总体建设规模：

变电站模块规划建设 3×240MVA 主变压器，电压等级为 220/110/10kV，220kV 出线 8 回，110kV 出线 14 回，10kV 出线 36 回。

储能站模块规划储能功率为 20MW，目标储能电量为 50MWh。

超级充电模块设置 6 辆大型公交车、6 辆小型车辆充电车位，配置 120kW 直流充电桩，远期采用 350kW 直流充电桩。

在建筑物屋顶设置 4000m² 的光伏板，建设功率为 400kW 的光伏发电模块。

数据中心采用模块化建设方式，建设 3 个微模块，每个模块含 216 台服务器，功率密度 10kW/Rcak。

城市型智慧综合能源站总体建设规模效果如图 6-1 所示。

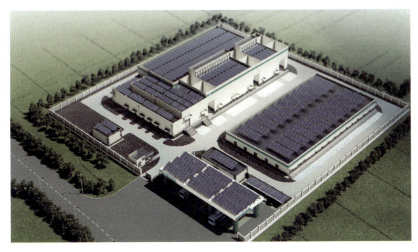

图 6-1　城市型智慧综合能源站总体建设规模效果图

6.1.3　总平面布置

220kV 智能变电站布置在智慧综合能源站站区北侧，变电站主体为独栋配电装置楼。

配电装置楼为局部双层建筑。220kV 配电装置、110kV 配电装置和 10kV 配电装置均布置于一楼，同时位于一楼的还有无功补偿装置、站用电、消弧线圈等。其中 220kV 配电装置采用户内 GIS 布置方式布置在北侧，110kV 户内 GIS 及 10kV 电抗器组布置在西侧，10kV 采用屋内成套开关柜布置于 220kV GIS 室及主变压器室之间，其上二层布置蓄电池室及继保室，一楼局部下设电缆层。屋顶设置光伏板。

站内主变压器运输道路 4.5m，转弯半径 12m；消防道路宽 4m，转弯半径 9m，满足主变压器等大型设备的整体运输。变电站大门直对主变压器运输道路，满足主变压器等大型设备的整体运输。

配电装置楼布置在消防环道中部，220kV 采用电缆向北侧出线，110kV 采用电缆向南侧出线，10kV 采用电缆向东侧出线，主变压器事故油池、消防水池及消防泵房布置在配电装置楼西侧。

站区南侧设置有集储能、光伏发电、数据中心于一体的综合楼。综合楼为一层钢结构建筑。

综合楼为一层布置，设置有电池室、10kV 开关室、升压变压器室、数据中心。各房间设置两个安全出口，满足现行的防火规范要求。屋顶设置光伏板。

综合楼西侧设置有大型充电站，能同时满足 6 辆大型公交车，6 辆小型车辆充电。

充电站与变电站及综合楼采用围墙隔离，满足变电站安全运行要求。变电站、储能、光伏发电及数据中心可根据运行实际需要增设围栏、门禁隔离，相互独立运行。

站区围墙东西方向长 107m，南北方向长 108.5m，围墙内占地面积 1.1610hm²。

6.1.4 变电站模块

变电站模块设计方案参照《国家电网公司输变电工程通用设计 220kV 变

电站模块化建设（2017 年版）》220–A2–2（10kV）。根据建设规模、进站道路
及各电压等级出线方向要求，对通用设计电气总平面布置做适当的调整优化。

1. 建设规模

远景建设 240MVA 主变压器 3 台，220kV 出线 8 回，110kV 出线 14 回，
10kV 侧出线 36 回，每台主变压器 10kV 侧装设 3 组 6000kvar 电抗器。

本期建设 240MVA 主变压器 2 台，220kV 出线 4 回，110kV 出线 6 回，
10kV 出线 24 回，每台主变压器 10kV 侧装设 3 组 6000kvar 电抗器。

2. 电气主接线

220kV 电气主接线远期双母单分段接线，本期采用双母单分段接线。

110kV 电气主接线远期单母线三分段接线，本期采用单母线分段接线。

10kV 电气主接线远期采用单母线六分段接线，本期采用单母线四分段
接线。

3. 主要电气设备选择

主要电气一次设备根据《国家电网公司标准化成果（35~750kV 输变电
工程通用设计、通用设备）应用目录》选取，并按照"防火耐爆、本质安全、
免（少）维护、状态感知、绿色环保"等要求进行选型设计，全面提升一
次设备质量和智能化水平。220kV、110kV、10kV 设备短路电流水平分别按
50kA、40kA、31.5/40kA 选择。

主变压器采用户内有载调压三相三绕组分体式降压型变压器，容量比
为 240/240/120MVA，额定电压比为 230 ± 8 × 1.25%/121/10.5kV，接线组别
为 YN，yn0，d11；阻抗电压（高中 / 高低 / 中低）为 14%/64%/50%。

220kV 配电装置采用 GIS 组合电器设备户内布置，设备额定电流
4000A。

110kV 配电装置采用 GIS 组合电器设备户内布置，设备额定电流
3150A。

10kV 采用金属铠装开关柜户内布置，全部采用电缆出线，设备额定电
流 4000/1250A。

10kV 电抗器采用三相一体干式铁芯电抗器户内布置，每台电抗器单独设置一个房间。能源站配置了储能系统，该系统在实现有功功率调节的同时，还可以进行无功调节，可为变电站提供无功支撑，作为变电站站内的电压调节手段，参与调度 AVC 的调节。通过配置快速控制系统，可以进行暂态电压控制实现 STATCOM 的功能，作为电网优质的无功资源，充分利用储能变流器的无功补偿能力，可减少变电站内电抗器或电容器无功配置容量，具体工程可以根据储能系统配置容量及变电站实际无功需求优化无功配置方案。

4. 配电装置布置

站区采用全户内布置形式，在变电站中部设置一幢配电装置楼，配电装置楼双层布置。配电装置楼一层布置有主变压器、220kV、110kV、10kV 配电装置及无功装置等，二层布置二次设备。

220kV 为户内 GIS 组合电器，采用 4 架空 +4 电缆混合出线；110kV 为户内 GIS 组合电气，全部采用电缆出线；10kV 为户内开关柜双列布置，全部采用电缆出线；主变压器位于一层，户内布置；10kV 无功补偿装置布置于配电装置楼电抗器室内。

5. 站用电

变电站从两台主变压器低压侧分别引接 2 台容量相同、可互为备用、分列运行的站用工作变压器，每台工作变压器容量按全站计算负荷选择。变电站、储能、光伏发电、超级充电站及数据中心的站用交流负荷均由该系统供电。为提高供电可靠性，站用电系统采用单母线分段接线，每台站用变压器各带一段母线，同时带电分列运行。交流站用电系统为 380/220V 中性点接地系统，单母线分段接线，用空气开关分段，为提高供电可靠性，重要负荷采用双回路供电，全容量备用。

6. 二次系统

智慧综合能源站变电站模块二次系统采用 DL/T 860 标准，按照"就近转化、就地保护、硬件标准、信息共享"等要求进行设计，实现运维便利化和智能化。

测控、保护装置标准化，采集模块化，大幅提高硬件通用性和运维便捷性，灵活适应改扩建需求。通过与一次设备同体设计小型化、免配置、不停电更换的就地模块，分散就地实现数字化，测控装置应用就地模块数据。

线路保护采用就地安装方式，电缆采样、电缆跳闸，提升保护速动性及可靠性。继电保护以及测控就地模块（合并单元、智能终端集成装置）等装置共用就地化操作箱，实现断路器的跳合闸控制。

充分发挥网络优势，优化设计，面向保护、测控、计量、辅控等业务需求，实现数据信息共享。保护装置、故障录波等智能电子设备间的相互启动、相互闭锁、位置状态等交换信息通过保护专网传输，双重化配置的保护之间不直接交换信息。

智能录波器采用多功能合一的设备，集成故障录波、二次回路可视化、网络记录分析、保护信息子站等功能，接入保护专网和站控层网络，实现能源站过程层、站控层所有应用数据的完整记录、全景可视化展示、综合分析与诊断、远传及管理等功能。

220kV、110kV 采用"间隔测控 + 冗余集中测控"模式，其中间隔测控按间隔单套配置（主变压器测控按侧单套配置），冗余集中测控按电压等级单套配置。

10kV 采用保护、测控、智能终端、合并单元多功能合一装置，不独立配置测控装置。

220kV 线路配置分相电流差动保护，双重化配置，采用符合 DL/T 860 标准的就地化设备，本期出线 4 回，共配置线路保护 8 套。

本期 220kV Ⅰ–ⅡM、Ⅰ–ⅢM 母联分别配置 2 套充电保护，220kV Ⅱ–ⅢM 母分配置 2 套母分保护，采用符合 DL/T 860 标准的就地化设备，本期母联间隔 2 回，分段间隔 1 回，共配置母联保护 4 套，分段保护 2 套。

220kV 母线配置 2 套均含失灵保护功能的电流差动保护，采用符合 DL/T 860 标准的保护装置。两套母线保护应完全按双重化原则配置，其相关二次回路遵循相互独立的原则按双重化配置。

110kV 线路配置保护包括完整的阶段式距离及零序过电流保护，并具备三相重合闸功能，采用符合 DL/T 860 标准的就地化设备。本期 110kV 线路 6 回，共配置线路保护 6 套。

110kV Ⅰ-ⅡM 分段配置 1 套母分充电保护，采用符合 DL/T 860 标准的就地化设备。

110kV 母线配置 1 套微机型电流差动保护，采用符合 DL/T 860 标准的保护装置。

220kV 变压器电气量保护按双重化配置，每套保护包含完整的主、后备保护功能；非电量保护集成于本体智能终端内，采用就地直接电缆跳闸。

10kV 线路保护含距离保护、过电流保护、零序保护及三相重合闸功能。其中，至储能模块 2 回线路，至充电模块 1 回线路由于线路长度短，按光纤差动保护设计，其他均为普通保护。本期出线 24 回，配置线路保护 24 套。

10kV 母分保护包含电流速断及过电流保护。本期分段 1 回，配置母分保护 1 套。

10kV 电抗器保护含过电流保护、零序保护、过负荷保护。本期电抗器 6 回，配置电抗器保护 6 套。

10kV 站用（接地）变压器保护含电流速断保护、过电流保护、零序保护及本体保护。本期站用变压器 3 回，接地变压器 2 回，共配置站用（接地）变压器保护 5 套。

本期配置智能录波器系统 1 套，按电压等级配置设备，采用多功能合一的设备，集成故障录波、二次回路可视化、网络记录分析、保护信息子站等功能。

本期配置故障解列装置 1 套，实现故障时对储能线路的切除。

本期主变压器高压侧配置 4 只数字关口电能表，主变压器中压侧配置 2 只数字电能表，主变压器低压侧配置 8 只数字关口电能表，集中组屏。

220kV 本期出线 4 回，配置数字电能表 4 只，下放布置于智能组件柜；

110kV 本期出线 6 回，配置数字电能表 6 只，下放布置于智能组件柜。

10kV 本期出线 24 回，其中储能 2 回、充电 1 回按关口点考虑，各配置多功能关口电能表 2 只，其余 21 回线路各配置多功能电能表 1 只；电抗器本期配置 6 台，配置多功能电能表 6 只；接地变压器本期配置 2 台，配置多功能电能表 2 只；站用变压器本期配置 3 台，其中数据中心站用变压器按关口点考虑，配置多功能关口电能表 2 只，其他 2 台站用变压器各配置多功能电能表 1 只。合计配置多功能关口电能表 8 只，多功能电能表 31 只，就地布置于开关柜。

6.1.5　储能模块

储能站初步规划储能功率为 20MW，目标储能电量为 50MWh，储能站分成 20 个储能单元，每个储能单元功率为 1MW，电池容量为 2.5MWh。20 个储能单元由 10kV 母线汇流后通过 2 回出线引接至变电站模块的 10kV 母线。储能站布置采用全户内布置形式，并考虑同数据中心一同布置于智慧综合能源站南侧。

1. 电气主接线

10kV 侧采用单母线分段接线。

电池侧通过串并联方式组成电池组，其端电压满足 PCS 直流侧电压输入范围 500~850V 要求。

2. 主要设备选择

蓄电池选用磷酸铁锂电池，单体电池的电压为 3.2V，为减少控制系统数据采集量，电池单体容量建议不小于 40Ah。

储能变流器选用单台 500kW，为减少升压变压器数量，推荐将 4 台 500kW PCS 并联后接入一台 2.5MW 双圈变压器。

变压器选用户内干式双圈变压器，容量为 2500kVA；额定电压比为 $10.5 \pm 2 \times 2.5\%/0.38kV$；接线组别为 D，yn11；阻抗电压为 6.5%。

10kV 配电装置采用户内金属铠装中置式开关柜，额定电流 1250A。

3. 总平面布置

储能站布置于站址南部一层结构生产综合楼内，按照功能模块分区布置。储能站模块生产综合楼主要布置有蓄电池室、升压变压器及 PCS 室、10kV 开关柜室和数据中心。每个储能单元的蓄电池单独布置于一个蓄电池间，便于蓄电池环境温度控制及安全运行。每组储能单元对应的 PCS 及升压变压器紧靠集中布置于升压变压器及 PCS 室，统一考虑暖通及降噪设计。汇流 10kV 设备采用金属铠装开关柜布置于 10kV 开关室，采用电缆进出线。

4. 二次系统

储能模块所有保护均选用微机型保护装置。

继电保护和安全自动装置应满足可靠性、选择性、灵敏性和速动性的要求。

本期储能模块通过 2 回 10kV 线路接入变电站模块，线路两侧各配置 1 套光纤差动保护，就地布置于开关柜。

储能模块 10kV 采用单母线分段接线，配置 10kV 母分保护 1 套，就地布置于开关柜。

本期储能模块 10kV 采用单母线分段接线，配置母线保护 1 套，组屏 1 面。

本期储能模块配置故障录波装置 1 套，采集储能模块 10kV 电流、电压、频率、功率、开关量、保护装置的硬接点开出动作信号等。

储能单元通过 10kV 接入储能站 10kV 母线，每个储能单元线路配置 1 套线路保护，具备过电流、过负荷功能。本期共 10 个储能单元，配置 10 套储能线路保护，设备就地布置于储能单元开关柜。

储能站每个储能单元自带保护功能，具备低电压闭锁的三段式电流保护、过负荷保护及零序保护功能。

储能模块配置 1 套防孤岛保护，采集母线电压、电源进线电压，投入过频、过电压、低频、低压防孤岛保护，保护动作跳 10kV 进线线路。

储能模块配置 1 套频率电压紧急控制装置，采集母线电压、电源进线电压，投入过频、过电压、低频、低压保护，保护动作跳各储能进线和 10kV 电源进线。

如需实现与精准负荷控制系统的配合，当电网异常时，控制 PCS 实现最大功率放电，可配置电力系统稳定控制器 1 套。

6.1.6　光伏发电模块

本期光伏发电模块通过 1 回 400V 线路接入站用变压器母线，采用低压断路器实现过电流保护，不配置独立的电量保护。

光伏发电模块接入线路配置多功能关口电能表 2 只。

6.1.7　超级充电模块

超级充电模块通过 1 回 10kV 线路接入变电站模块，线路两侧各配置 1 套光纤差动保护，就地布置于开关柜。

充电模块配置配电变压器 1 台，在 10kV 侧配置保护测控装置 1 套，具有过电流、过电压保护的功能。

配置 12 台充电机，每台充电机自带保护功能，具备低电压闭锁的三段式电流保护、过负荷保护及零序保护功能。

电动汽车充电机配置关口计量表计，作为用户费用结算点，每台充电机配置关口电能表 1 只。

6.1.8　数据中心模块

1. 建设规模

智慧综合能源站数据中心模块构建 3 个微模块、648 台服务器规模、数据容量储存达 500TB、具备大数据处理能力的统一云服务平台。可有效汇集包括结构化数据、实时量测数据和非结构化等多源核心业务数据。构建包括离线计算、流计算、内存计算在内的服务站统一数据分析服务，开展典型大数据分析应用的验证。

具有向供区内企事业、政府机构输送专业化服务能力，可有效支撑起各类创新业务的落地实现。

2.建设目标及流程

建设目标为实现服务站数据的定义、存储、分析的统一规划和管控，实现服务站全量业务数据汇集、统一存储、数据分析和统一服务的工作目标。

（1）设计完善企业级统一数据模型，实现数据模型的动态迭代和管控。完成核心业务数据模型优化完善，能源站数据仓库模型设计，完成核心业务主数据管理对象梳理，设计研发数据模型管理支撑工具，完成主数据管理平台建设方案设计。

（2）完善统一数据分析中心，实现数据统一存储和统一分析服务。建成云平台，深化完善云平台基础服务能力，提升存储规模和数据接入性能，实现数据仓库（结构化）、非结构化数据、采集监测数据、外部数据的统一分类存储；构建统一数据分析服务，提供统一的高效分析计算、数据访问、自助分析等服务，满足不同业务场景的分析需求。

（3）持续扩大数据接入范围，实现企业数据全量汇集。依托能源站核心业务主题域模型和数据仓库模型设计成果，完成用电信息采集和输变电设备状态监测两套系统"一发双送"功能改造和应用迁移；完成非结构化数据的接入转换；完成外部业务数据统一接入和存储；实现能源站全量业务数据汇集。

6.1.9 综合监控与运营系统

建设全站综合监控与运营系统 1 套，含一体化业务软件平台、主设备一体化监控子系统、辅助设备一体化监控子系统、智能运营子系统等。

1.一体化业务软件平台

一体化业务软件平台采用信息融合与联合展示的技术，基于分布式、可扩展、可异构的体系架构，应用程序和数据库可在各个计算机节点上进行灵活配置，无需对应用程序进行修改。

一体化业务软件平台采用 UNIX 或 LINUX 操作系统。

一体化业务软件平台实现对变电站模块、储能模块、光伏发电模块、超级充电模块及数据中心可靠、合理、完善的监视、测量、控制、断路器合闸同期等功能，并具备遥测、遥信、遥调、遥控全部的远动功能和时钟同步功能，具有与调度通信中心交换信息的能力。

具体功能要求按《电力系统调度自动化设计技术规程》《地区电网调度自动化设计技术规程》《智能变电站一体化监控系统功能规范》《智能变电站一体化监控系统建设技术规范》《电化学储能电站设计规范》等相关规程规范要求执行。

2. 主设备一体化监控子系统

智慧综合能源站对内需要实现对变电站、储能、光伏、充电、数据中心等各模块的一体化综合监控，对外需要实现信息的统一接口发布等要求。采用"云平台、微服务"的全新系统架构，构建智慧综合能源站全业务统一数据中心，支持海量设备接入，集成多业务系统数据，为服务站监视、控制、运维、检修、管理、应用等业务应用提供支撑，实现开发共享。

（1）变电站模块监控。变电站模块监控直接采集站内电网运行信息和二次设备运行状态信息，通过标准化接口与输变电设备状态监测、辅助应用、计量等进行信息交互，实现对变电站全景数据采集、处理、监视、测量、控制、运行管理等综合性的自动化功能。

变电站模块监控采用开放式分层分布式网络结构，由站控层、间隔层、过程层以及网络设备构成。通信规约统一采用 DL/T 860 通信标准，实现站控层、间隔层、过程层二次设备互操作。

（2）储能模块监控。储能模块监控根据系统的要求和储能电站的运行方式，实时完成对储能电站、控制电源系统等电气设备的自动监控和调节，并同时在智能控制调度系统内集成储能 PCS 和电池本体监控软件，可以实现对电池本体的监测和对 PCS 的监控功能。储能监控实现对电池储能系统的监视和控制，协调储能的运行及系统接入，实现电池储能系统的应用。除实现常规三遥（遥测、遥信、遥控）功能外，储能监控根据不同的控制需求，具有多种应用方式，如削峰填谷的应用功能等，储能模块监控示意如图 6-2 所示。

储能模块监控采用分层、分布式控制方案，一般包括站控层（监视层、协调控制层）和就地监控层两大部分。监视层主要负责通信管理、数据采集、数据处理及运行管理等功能。协调控制层完成系统级的协调控制功能，下发功率控制命令至本地控制器，以实现对各变流器的功率控制。就地监控层由就地监测与控制系统组成，监测 PCS、电池及配电系统的实时状态，并将上层控制指令及时下发给每个控制单元。

储能模块监控通信方案采用双网通信结构，储能系统的关键运行信息（控制指令等信息）与一般的运行信息（单体电池数据）分别传送，实现快速控制及全面监视电池储能系统信息的目的。

（3）充电模块监控。充电模块监控主要包括充电站监控后台、充电机控制系统、配电系统监控、计量计费系统、安防系统及通信管理机等。其结构如图 6-3 所示。

充电模块监控主要完成对充电机、动力电池的数据收集、处理及控制功能，具体功能如下：

1）采用 CAN、RS-232、RS-485 以及工业以太网等方式与各个充电机、动力电池通信，获取实时数据，进行实时监控。

2）采集充电机工作状态、故障信号、电压、电流等。

3）记录分析动力电池组及电池单体充电时的相关充电数据，包括充电电流、电压变化曲线、电池组温度、SOC 等。

4）具备向充电机下发控制命令，遥控充电机起停、校时、紧急停机、远方设定充电参数等功能。

5）可以按照预定策略选择定时、定额等方式进行充电控制管理。

6）具备对充电机和电池组遥测、遥信、报警事件等实时数据和历史数据的集中存储和查询功能。

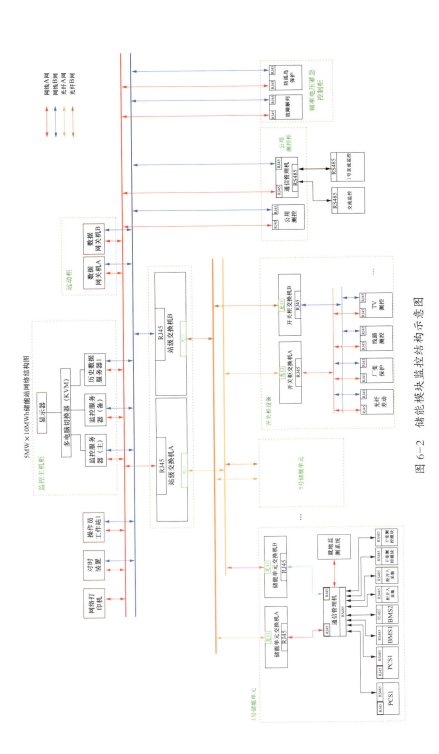

图6-2 储能模块监控结构示意图

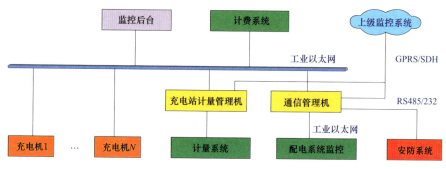

图 6-3　充电模块监控结构示意图

7）具备充电机起停操作记录、充电机故障记录、充电运行参数异常记录、电池组参数异常记录等功能。

8）具备充电机状态变位、电压电流越限、电池组故障、充电机起停操作等事件按时间、类型、充电装置等分类显示功能。

9）具备充电数据实时 / 历史曲线图、棒图、系统运行工况图、实时数据表格等不同种类的画面显示功能。

10）具备充电机及电池组数据的实时图形化监控功能。

11）具备车辆台账信息管理功能，用于存储、统计车型配置信息、电池组型号参数、更换维护电池组的记录等信息。

12）根据充电设施的最大容量，具备用电负荷超过设定定值告警功能，并可依据预定策略闭锁充电机，降低充电机功率，确保充电设施的安全运行。

13）当充电设施用电负荷达到单台配电变压器容量时，自动下发闭锁命令，闭锁备自投，当负荷下降至解锁门槛时，撤销闭锁。

14）具备较强的扩展能力，可以完成不同类型充电机的接入。

（4）光伏发电模块监控。光伏发电模块监控可实现对光伏站逆变器、箱式变压器、汇流箱、环境监测仪等主要电气设备运行参数、设备状态、设备的通信状态和通信报文等现场运行情况进行实时显示监视，包括采用实物图，仪表盘、表格、曲线等元素综合监视。支持对逆变器启动、停机、复位、限功率、设定无功功率等远方操作。

（5）系统配置。主设备一体化监控子系统配置包括硬件配置和软件配
置，站控层按最终规模配置。监控子系统站控层示意如图6-4所示。

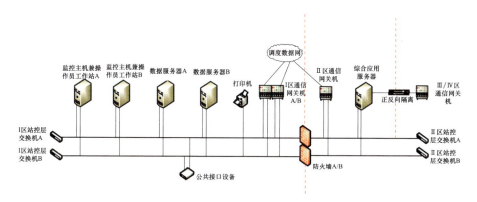

图6-4　主设备一体化监控子系统站控层结构示意图

1）监控主机兼操作员工作站。配置2台监控主机兼操作员工作站，作
为站控层数据收集、处理、存储及网络管理的中心。监控主机兼操作员工作
站是站内监控及能量管理系统的主要人机界面，用于图形及报表显示、事
件记录及报警状态显示和查询，设备状态和参数的查询，操作指导，操作
控制命令的解释和下达等。运行人员可通过工作站对站内各一次及二次设
备进行运行监测和操作控制。同时其还承担着监控及能量管理系统的维护
功能，进行系统维护工作时须有可靠的登录保护。主机按照双机冗余配置，
同时运行，互为热备用。

2）数据库服务器。配置2台数据库服务器。数据库服务器存储电站模型、
图形和操作记录、告警信息、故障波形等历史数据，为各类应用提供数据
查询和访问服务。

3）通信网关机。配置2台Ⅰ区数据通信网关机兼图形网关机和2台Ⅱ
区数据通信网关机，直接接入站控层网络，负责与各级调度（调控）中心的
数据交换；具备系统远程服务、图形远程浏览和实时数据刷新等功能模块，
实现远程监控系统图形和数据的实时交互。此外，配置告警信息转发模块，
采用DL/T 476协议以syslog文本格式向调度（调控）主站传输变电站告警

信息。

配置 1 台Ⅲ / Ⅳ区数据通信网关机，实现与 PMS、输变电设备状态监测等其他主站系统的信息传输。

Ⅰ区数据通信网关机直接采集站内数据，实现对调度（调控）中心的数据传输，并接收其操作与控制命令；Ⅱ区数据通信网关机通过防火墙从Ⅰ区获取站内Ⅱ区数据，实现对调度（调控）中心的数据传输，并提供远方信息查询及浏览服务。

4）综合应用服务器。配置 1 台综合应用服务器（Ⅱ区），直接接入站控层网络，用于采集站内一次设备在线监测数据、站内辅助应用、设备基础信息等，提供集中处理、分析和展示服务；并通过正反向隔离装置向Ⅲ / Ⅳ区数据通信网关机向其他主站发布信息。

5）数据网接入设备。智慧综合能源站调度数据网结构示意如图 6–5 所示。

调度数据网设备配置如下：

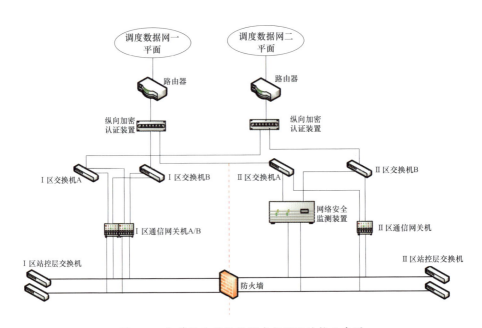

图 6–5　智慧综合能源站调度数据网结构示意图

智慧综合能源站调度数据网按双平面建设，配置调度数据网接入设备1套，包括路由器2台，网络交换机4台，将远动、电能数据信息通过电力调度数据网络通道及时、可靠地传送到调度部门。

配置1套信息申报与发布系统，该系统通过电力数据网与主站端通信，实现调度计划的上传与下发功能。

6）二次安防设备。按照"安全分区、网络专用、横向隔离、纵向认证"的基本原则，配置智慧综合能源站二次系统安全防护设备。

纵向安全防护：控制区的各应用系统接入电力调度数据网前应加装IP认证加密装置。调度数据网按双平面布置，全站配置纵向加密认证装置4套。

横向安全防护：控制区和非控制区的各应用系统之间宜采用MPLS VPN技术体制，划分为控制区VPN和非控制区VPN。全站Ⅰ区和Ⅱ区间配置防火墙1套，Ⅱ区和Ⅲ/Ⅳ区间配置正反向隔离装置1套。

7）网络安全监测。根据《国家电网公司关于进一步加强电力监控系统安全防护工作的通知》（国家电网调〔2017〕263号）和《国调中心关于印发2017年电力监控系统安全防护重点工作的通知》（调网安〔2017〕34号）相关要求，本工程在智慧综合能源站电力监控系统的安全Ⅱ区内部署Ⅱ型网络安全监测装置1套，用于采集智慧综合能源站控层的服务器、工作站、网络设备和安全防护设备的安全事件，并转发至调度端网络安全监管平台的数据网关机。同时，装置支持网络安全事件的本地监视和管理。网络安全监测装置跨接站控层A、B双网，监视对象涵盖生产控制大区的主机设备、网络设备和安全防护设备。安全监测装置同时兼具网关机功能，通过调度数据网向网络安全监管平台上传告警信息。

3.辅助设备一体化监控子系统

能源站辅助设备一体化监控子系统采用一体化设计理念，统一对变电站、储能、光伏发电、超级充电、数据中心等在内的各类在线监测、辅控、视频、智能巡检机器人等统一管理。建立辅控设备建模，结合SCADA数据与机器人巡检结果实现服务站操作的多重校验，具备智能化巡检功能。

（1）全面监视。全站配置辅助设备一体化监控主机，实时接收各终端装置上传的各种模拟量、开关量及视频图像信号，分类存储各类信息并进行分析、计算、判断、统计和其他处理，实现上述系统的智能联动控制。

通过三维 BIM 建模，直观展示能源站、设备等虚拟场景，实现基于三维的可视化展示实现二维画面和三维场景的联动、智能化巡检等，有利于运检人员及时发现、定位、处理故障，提升运维效率。

（2）消防功能模块。

1）设置 1 套火灾自动报警系统，火灾自动报警系统设备包括火灾报警控制器、探测器、控制模块、信号模块、手动报警按钮等。

2）火灾探测区域按独立房（套）间划分。本站火灾探测区域有主控制室、储能室、数据中心、各级电压等级配电装置室、油浸式变压器及电缆竖井等。

3）根据所探测区域的不同，配置不同类型和原理的探测器或探测器组合。

4）火灾报警控制器设置在警卫室靠近门口处。当火灾发生时，火灾报警控制器可及时发出声光报警信号，显示发生火警的地点。

5）消防功能模块应与图像监视模块、空调（通风）、灯光智能控制等具备联动功能。当消防功能模块发出火灾报警信号后，同一区域内空调（通风）应联动关闭、灯光照明联动开启，同时监控后台相应界面自动弹出显示，同一区域内图像监控系统视频自动弹出，支持门禁紧急开门联动提示、确认和操作。

（3）图像监视模块。图像监视模块设备包括视频服务器、多画面分割器、录像设备、摄像机、编码器及沿变电站围墙四周设置的电子栅栏等。

站内配电装置区、主要设备室的摄像头的配置类型及数量见表 6-1。

图像监视模块与设备故障及其他系统进行有效联动。一次设备发生故障跳闸时，该区域摄像头与故障设备及跳闸断路器进行联动，并在监控平

表6-1　220kV 智慧综合能源站图像监视模块配置一览表

序号	安装地点	摄像头类型	数量
1	主变压器区	室内一体化枪形摄像机	每台主变压器配置2台
2	无功补偿装置区	室内一体化球形摄像机	配置6台
3	220kV 设备区	室内一体化球形摄像机	配置6台
4	110kV 设备区	室内一体化球形摄像机	配置6台
5	配电装置室	室内一体化球形摄像机	配置4台
6	二次设备室（含通信设备）	室内一体化球形摄像机	配置2台
7	储能室	室内一体化球形摄像机	每室配置2台
8	充电场地	室外一体化球形摄像机	配置6台
9	数据中心	室内一体化球形摄像机	配置8台
10	生产综合楼门厅	室外一体化球形摄像机	配置1台
11	全景（安装在主控楼顶部）	日、夜两用型一体化室外球形摄像机，配置大范围变焦镜头	配置1台
12	周界（安装在能源站围墙边角）	室外一体化球形摄像机	配置4台（每个围墙边角配置1台）
13	高压脉冲电子围栏	室外一体化球形摄像机	配置1套，根据围墙边界进行防区划分，含大门上端可移动护栏
14	门禁装置		配置1套，能源站进站大门、各模块区域隔离处安装

台中故障一次设备单元界面中弹出。消防模块报警、门禁报警、环境监测故障等，该区域图像监视与相应装置进行联动，在监控平台相应设备单元分图中弹出并可远方遥控。

（4）机器人系统。全站配置1套机器人系统，由移动式机器人和导轨机器人组成。

采用"机器人 + 视频",基于人工智能、图像识别、定位导航等技术,具备自主导航、自动记录、智能识别、远程遥控等功能全面覆盖户内外设备巡检,提升巡检效率、降低巡检成本。

(5)智能联动。全站主设备与辅助设备联动管理,包括具有主设备遥控预置信号联动功能、支持主设备监控系统告警联动功能等。

辅助设备一体化监控子系统模块间联动管理,包括:安全防范入侵报警联动;打开报警防区对应回路灯光照明;联动防区视频预置位,弹出现场视频监控预览窗口,开启录像。

4.智能运营子系统

智能运营平台汇聚能源站全部信息、供电区域的各类用电信息、供电区域内的分布式新能源信息、本区域气象和市政等公用信息,实现以能源站为中心的信息汇聚、整合与应用。建立能源站数据中心,以主设备、辅控设备为核心的统一模型为基础,为在线监测、分析、预警和辅助决策等服务站高级应用提供支撑。

6.2　郊区型智慧综合能源站设计方案

郊区型智慧综合能源站由 220kV 智能变电站模块、储能模块、光伏发电模块、数据中心模块等组成。

郊区型智慧综合能源站典型设计方案相较于城市型智慧综合能源站典型设计方案,其差异主要在于:郊区型智慧综合能源站未考虑设置超级充电模块;变电站模块由城市型的全户内布置改为半户内布置,低压侧由城市型的 10kV 电压等级改为 35kV 电压等级;储能模块布置方式由城市型的建筑物户内布置改为预制舱 + 建筑物混合布置方式;光伏发电模块铺设面积由城市型的 $4000m^2$ 改为 $2500m^2$,其他均为各模块内具体技术细节调整。

郊区型智慧综合能源站典型设计方案部分章节内容、技术要求与城市型智慧综合能源站典型设计方案一致，规模数量、电压等级等差异请读者根据工程实际情况具体设计，本书不再赘述，详细内容参见城市型智慧综合能源站相关章节。

6.2.1　主要设计原则

220kV 智能变电站模块采用通用设计 220-A3-1 方案，为半户内布置形式。主变压器为户外一体式 240MVA 三相三圈降压结构有载调压变压器。220kV 配电装置采用 GIS 组合电器设备户内布置，电气主接线本期及远景均采用双母线单分段接线；110kV 配电装置采用 GIS 组合电器设备户内布置，电气主接线本期采用单母线分段接线，远景采用单母线三分段接线；35kV 采用金属铠装开关柜户内布置，电气主接线本期采用单母线分段接线，远景采用单母线分段 + 单母线接线；35kV 电容器采用户内框架式成套设备。35kV 电抗器采用户内油浸式铁芯电抗器。

储能模块采用户外舱式建构物混合布置，与其他模块按功能分区布置；电池采用锂电池；通过 35kV 线路接入变电站低压母线。

光伏发电模块利用站区屋顶及舱顶资源，布置光伏发电板；通过 400V 线路接入站用变低压母线。

数据中心规划设计的基础是关注对电力、制冷能力的提供和必要的基础设施建设，数据中心系统设计应满足安全性需求、可靠性需求、先进性需求、简单易维护需求、智能管理需求、环保节能需求及经济性需求。

6.2.2　工程建设规模

郊区型智慧综合能源站总体建设规模如下：

变电站模块规划建设 3×240MVA 主变压器，电压等级为 220/110/35kV，220kV 出线 8 回，110kV 出线 14 回，35kV 出线 8 回。

储能站模块规划储能功率为 20MW，目标储能电量为 50MWh。

在建筑物屋顶和舱顶设置 2500m² 的光伏板，建设功率为 250kW 的光伏发电模块。

数据中心采用模块化方式建设，设 3 个微模块，每个微模块含 216 台服务器，功率密度 10kW/Rcak。

郊区型智慧综合能源站总体建设规模效果如图 6-6 所示。

图 6-6　郊区型智慧综合能源站总体建设规模效果图

6.2.3　总平面布置

220kV 智能变电站布置在智慧综合能源站站区东侧。

变电站为两栋配电装置楼：220kV 配电装置楼、110kV 配电装置楼。220kV 配电装置楼为两层建筑，布置于站址北侧，配电装置楼一层布置 35kV 电容器室等，二层布置 220kV GIS 室，220kV 出线采用"品"字形结构布置，向北出线。屋顶设置光伏板。

110kV 配电装置楼为两层建筑，布置于站址南侧。配电装置楼一层布置 35kV 开关柜、电抗器室、工具间、卫生间，二层布置 110kV GIS 室、二次设备室、蓄电池室。110kV 线路朝南出线。屋顶设置光伏板。

变电站四周设环形站内道路。变电站大门应直对主变压器运输道路，满足主变压器等的整体运输。站内设有道路，便于设备运输、吊装、检修及运行巡视。

站区西侧设置有集储能开关柜、储能升压变压器、光伏发电站、数据中心于一体的综合楼。综合楼为二层钢结构建筑。

站区围墙东西方向长 122m，南北方向长 88m，围墙内占地面积 1.0736hm^2

6.2.4 变电站模块

变电站模块设计方案参照《国家电网公司输变电工程通用设计 220kV 变电站模块化建设（2017 年版）》220–A3–1（35kV）。根据建设规模、进站道路及各电压等级出线方向要求，对通用设计电气总平面布置做适当的调整优化。

1. 建设规模

远景建设 240MVA 主变压器 3 台，220kV 出线 8 回，110kV 出线 14 回，35kV 侧出线 8 回，35kV 侧每台主变压器装设（10000+20000）kvar 并联电容器及 1 组 10000kvar 电抗器。

本期建设 240MVA 主变压器 2 台，220kV 出线 4 回，110kV 出线 6 回，35kV 出线 2 回，35kV 侧每台主变压器装设（10000+20000）kvar 并联电容器。

2. 电气主接线

220kV 电气主接线远期双母单分段接线，本期采用双母单分段接线。

110kV 电气主接线远期单母线三分段接线，本期采用单母线分段接线。

35kV 电气主接线远期采用单母线分段 + 单母线接线，本期采用单母线分段接线。

3. 主要电气设备选择

主要电气一次设备根据《国家电网公司标准化成果（35~750 千伏输变电工程通用设计、通用设备）应用目录》选取，并按照"防火耐爆、本质安全、免（少）维护、状态感知、绿色环保"等要求进行选型设计，全面提升一次设备质量和智能化水平。220kV、110kV、35kV 设备短路电流水平分别按 50kA、40kA、31.5kA 选择。

主变压器采用户外有载调压三相三绕组分体式降压型变压器，容量比为 240/240/120MVA，额定电压比为 2230±8×1.25%/121/38.5kV，接线组别为 YN，yn0，d11；阻抗电压（高中 / 高低 / 中低）为 14%/23%/8%。

220kV 配电装置采用 GIS 组合电器设备户内布置，设备额定电流 4000A。

110kV 配电装置采用 GIS 组合电器设备户内布置，设备额定电流 3150A。

35kV 采用金属铠装开关柜户内布置，全部采用电缆出线，设备额定电流 2500/1250A。

35kV 电容器采用户内框架式电容器，能源站配置了储能系统，该系统在实现有功功率调节的同时，还可以进行无功调节，为变电站提供无功支撑。具体工程可以根据储能系统配置容量及变电站实际无功需求优化无功配置方案。

4. 配电装置布置

站区采用半户内布置形式，在变电站中部设置 2 幢配电装置楼：220kV 配电装置楼、110kV 配电装置楼。220kV 配电装置楼为两层建筑，布置于站址北侧，配电装置楼一层布置 35kV 电容器室等，二层布置 220kV GIS 室，220kV 线路 6 回采用"品"字形结构布置，向北架空出线，2 回采用电缆出线。

110kV 配电装置楼为两层建筑，布置于站址南侧。配电装置楼一层布置 35kV 开关柜、电抗器室、工具间、卫生间，二层布置 110kV GIS 室、二次设备室、蓄电池室。110kV 线路 4 回采用架空朝南出线，8 回采用电缆出线；35kV 线路全部采用电缆从东、南两个方向出线。

5. 站用电

本部分详细内容见城市型智慧综合能源站相应部分。

6. 二次系统

本部分详细内容见城市型智慧综合能源站相应部分。

6.2.5 储能模块

储能站初步规划储能功率为 20MW，目标储能电量为 50MWh，储能站分成 20 个储能单元，每个储能单元功率为 1MW，电池容量为 2.5MWh。20 个储能单元由 35kV 母线汇流后通过 2 回出线引接至变电站模块的 35kV 母线。

1. 电气主接线

本部分相应内容详见城市型智慧综合能源站相应部分。

2. 主要设备选择

本部分相应内容详见城市型智慧综合能源站相应部分。

3. 设备布置

郊区型智慧综合能源站一般位于工业园区、市郊等对景观要求相对较低的区域，储能模块考虑预制舱 + 建筑混合布置方式。

电池选用磷酸铁锂电池，通过试验和研究，目前还没有发现特别有效的消防介质或措施。若储能模块采取密集布置方式，万一发生火灾容易造成重大经济损失，因此本方案蓄电池采用标准 40 尺预制舱高柜安装方式。每个预制舱内布置 2.5MWh 电池组及对应的 BMS，共 20 个预制舱布置于站址西部。每个预制舱之间的距离为 3m，为提高消防安全在每个预制舱之间设置防火墙。预制舱建设现场湿作业量小，只要浇筑好基础待设备吊装就位后即可完成设备安装。预制舱内设备电气及控制回路可以在设备制造厂完成，现场接线量大大减少。在预制舱两端分别设置电力电缆及控制电缆沟通往储能及数据中心综合楼。预制舱布置于运行道路两边，满足设备吊装、消防及运维需求。

PCS 工作时发热量大，不宜与蓄电池布置于同一房间，且满功率运行下噪声较大，因此考虑将其布置于建筑内。在储能模块西北角设置一幢储能及数据中心综合楼二层建筑结构。一楼布置 PCS 及升压变压器室、35kV 开关柜室，二楼布置数据中心。PCS 至对应的蓄电池预制舱采用电缆连接，

2 回 35kV 储能电站出线采用电缆接入变电站模块 35kV 母线并网。

4. 二次系统

本部分相应内容详见城市型智慧综合能源站相应部分。

6.2.6　光伏发电模块

本部分详细内容见城市型智慧综合能源站相应部分。

6.2.7　数据中心模块

智慧综合能源站数据中心模块构建 3 个微模块、648 台服务器规模、数据容量储存达 500TB、具备大数据处理能力的统一云服务平台。

本部分详细内容见城市型智慧综合能源站相应部分。

6.2.8　综合监控与运营系统

建设全站综合监控与运营系统 1 套，含一体化业务软件平台、主设备一体化监控子系统、辅助设备一体化监控子系统、智能运营子系统等。

郊区型智慧综合能源站全站综合监控与运营系统除不建设超级充电模块外，其他技术要求等相关内容同城市型智慧综合能源站。

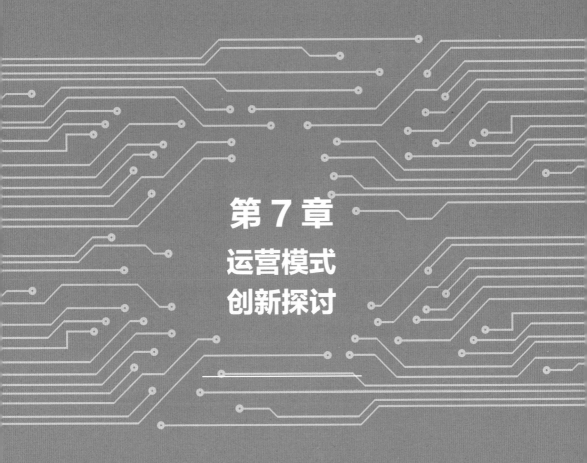

第 7 章
运营模式
创新探讨

7.1　云储能

7.1.1　基本理念

云储能利用其所控制的储能资源为用户提供分布式的储能服务。集中式的储能设施和分布式的储能资源都由云储能提供商统一运营管理，云储能用户通过购买服务的方式，获得分布式储能服务两者之间通过通信和金融系统进行信息和费用的双向传递，依靠电网实现能量上的相互联系。云储能用户可以购买一定时期内一定功率容量和能量容量的云储能服务使用权。取得云储能使用权之后，用户可以根据自己的实际需求，对云端电池进行充电和放电。云储能概念图如图 7-1 所示。

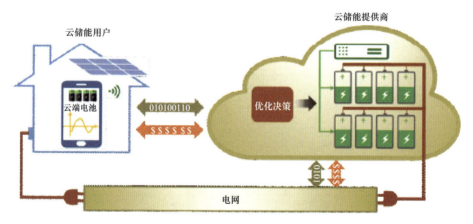

图 7-1　云储能概念图

云储能是一种基于已建成的现有电网的共享式储能技术，使用户可以随时、随地、按需使用由集中式或分布式的储能设施构成的共享储能资源，并按照使用需求支付服务费。例如，用户可以购买电力保险服务，云储能为其提供电网失电情况下对其重要负荷的紧急供电服务，进一步提高其供电可靠性。

云储能依赖于共享资源达到规模效益，使得用户可以更加方便地使用低价的电网电能和自建的分布式电源电能。云储能可以综合利用集中式的储能设施或聚合分布式的储能资源为用户提供储能服务。云储能可将原本分散在用户侧的储能装置集中到云端，用云端的虚拟储能容量来代替用户侧的实体储能。云端的虚拟储能容量以大规模的储能设备为主要支撑，以分布式的储能资源为辅助，可以为大量的用户提供分布式的储能服务。

云储能提供商投资大规模的储能设备可以充分利用规模效应，而使用分布式的储能资源可以提高现有的闲置储能的利用率。使用云储能的用户可以根据实际需求向云储能提供商购买一定期限内的虚拟储能的使用权。云储能用户使用云端的虚拟储能如同使用实体储能，通过公共互联网，用户可以控制其云端虚拟电池充电和放电，但与使用实体储能不同的是，云储能用户免去了用户安装和维护储能设备所要付出的额外成本。而云储能提供商把原本分散在各个用户处的储能装置集中起来，通过统一建设、统一调度、统一维护，以更小的成本为用户提供更好的储能服务。根据云储能的理念，云储能模式的构建图如图 7-2 所示。

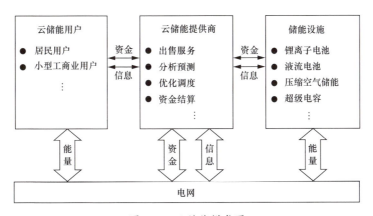

图 7-2 云储能模式图

7.1.2 云储能运营模式

传统意义上，用户想要通过储能来降低综合用电费用，需要在本地自身投资建设储能系统，并进行日常的维护。而与之不同的是，云储能是基于"共享经济"的一种新型的储能商业模式。云储能提供商根据所有参与云储能的用户的储能使用需求而投资和租赁一定量的集中式实体储能装置和分布式储能资源，并在实际运行中根据用户的充放电需求和对于未来的信息预测不断地进行优化决策，进而根据决策结果实时控制集中式储能装置进行充电或放电。因为多个用户对于储能的实际需求存在着一定的时间差异性与互补性，所以云储能提供商的实体储能资源的加总的实际功率容量和能量容量一般要小于全体云储能用户需求的加总，从而实现利用用户储能需求特性来节约投资成本。当全体云储能用户对于储能的实际放电需求不能被实体储能资源所满足时，这部分未能由实体储能所满足的电力电量将由云储能提供商向电网购买，从而提供给云储能用户。这虽然增加了云储能系统的运行成本，但是远小于云储能模式所带来的投资成本节约。因此，可以说云储能以较小的运行成本增加为代价，换取了较大的投资成本的节约。

云储能商业模式的主要要素如图 7-3 所示。

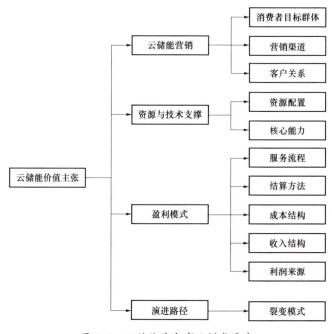

图 7-3　云储能基本商业模式要素

（1）价值主张。云储能以"共享"为主要价值取向，通过用户共享储能资源而提高资源利用效率，进而实现综合成本的降低，并在此基础上可以进一步满足更多用户的储能使用需求。云储能致力于为用户提供与实体储能一致的服务，用户使用云端虚拟电池就如同使用实体的分布式储能一样。用户在云储能模式中的参与感大大增强，可以按照自己的意愿去控制云端电池的充电和放电，云储能提供商会做出相应的实体响应。云储能商业模式以服务用户为核心，全力为用户提供简便易用、质优价廉的储能服务。

（2）消费者目标群体。根据目前的研究，云储能所针对的细分市场为家庭用户和小商业用户。这类用户数量庞大，每个用户都有使用储能设备来降低用电费用的动力。然而这类用户中单一用户储能需求量较小，对于价格较为敏感，市面上难以买到恰好符合其容量需求的储能设备，这就为用户共享储能资源提供了可能性。此外，家庭用户之间以及小商业用户之间的用电行为存在着一定的互补性。因此，为了产生更大更可观的聚合效益，云储能服务应当大量吸收这类用户。

（3）营销渠道。云储能商业模式可以直接通过售电商或者节能服务公司来进行营销。随着售电侧市场的不断发展，云储能将作为能源增值服务中的一个品种，建立线上线下相结合的灵活营销渠道。同时结合大数据技术，能够根据用户用能习惯实现差异化精准营销。

（4）客户关系。云储能提供商与云储能用户之间是互惠互利的关系。云储能提供商能够提供储能服务，为用户降低用电成本，另外也能通过提供储能服务而盈利。此外，云储能提供商也通过提供云储能服务而改善了用户的负荷曲线，缓解了系统供需平衡压力。

（5）资源配置。云储能提供商的储能资源配置主要分为两部分，一部分是集中式的储能设施，另一部分是分布式的储能资源。集中式的储能设施由云储能提供商投资建设，方便调度控制，是提供云储能服务的主要储能实体。分布式的储能资源的所有者一般为用户或者电网，云储能提供商主要通过租赁的方式获得分布式储能资源的使用权。云储能提供商所聚集的这些分布式储能资源是集中式储能资源的重要补充。

（6）核心能力。云储能提供商成功的关键是要聚拢大量的具有互补性的用户并实现规模效益。因此，其需要有数据分析、优化、通信、预测等多种技术作为支撑。

（7）服务流程。云储能提供商根据其所掌握的技术经济信息为用户设定云储能服务价格。用户根据云储能服务的价格和自己的用电情况决定购买多少云端电池容量。云储能提供商根据用户购买云端电池容量的情况和所模拟出的用户充放电需求投资建设集中式的储能设施和租赁分布式的储能资源。用户向云储能提供商购买储能容量使用权之后，在运行中根据自身储能使用需求向其所购买的云端电池发出充电和放电指令。云储能提供商通过合理地选择储能设施的充放电时机以及充放电功率，以期达到尽可能小的自身成本。在运行过程中，配电网为云储能充当备用，当储能设施中的电能不足以满足用户的放电需求时，云储能提供商从电网直接购买电能供用户使用。

（8）结算方法。用户使用云储能服务需要向云储能提供商支付服务费从而获得云端电池容量的使用权。在实际运行中，用户控制云端电池充电所产生的充电电费按照运行时的实时电价结算，由云储能提供商代收。用户控制云端电池放电不产生直接费用。用户控制云端电池放电的功率超过用户负荷而产生的向电网反送电的收益将首先由云储能提供商代为支付。用户的负荷不能被云端电池放电所满足的部分将由用户直接与电网结算，支付相应的用电费用。云储能提供商向电网支付储能设施充电的电费、储能设施电量不能满足用户放电需求时从电网获得功率的电费。储能设施放电超过用户放电需求而产生的向电网反送电的收益将由电网支付给云储能提供商。因此，在实际运行中的结算次序是首先云储能提供商、用户与电网进行结算，然后是云储能提供商和用户之间进行结算。结算周期可视实际情况设定为每天、每周或每月。

（9）成本结构。云储能提供商的成本可分为投资成本和运行成本。投资成本包括云储能提供商建设集中式储能设施的成本和租赁分布式储能资源的成本。运行成本包括两项正成本和一项负成本。两项正成本分别是云储能提供商充电成本和用户发出放电需求但是储能资源中能量不足从而需要从电网直接购电的成本。负成本为用户因操作其云端电池充电而产生的充电成本。因此，云储能提供商的运行成本为上述两项正成本之和再扣除用户充电费用。其他类型的成本，例如财务费用等，暂时未予以考虑。

（10）收入结构。在云储能商业模式开展的初期，云储能提供商的收入主要是用户支付的云储能服务费。用户支付给云储能提供商服务费从而获得未来一定时期内的一定容量的云端电池的使用权。值得指出的是，为了吸引用户使用云储能服务而不是自己投资分布式储能，云储能提供商为用户设定的云储能服务费单价应低于用户自建分布式储能的单位成本的年值。此外，由于云储能服务费单价与用户购买云端电池的容量的大小呈负相关关系，云储能提供商需要进行有策略的定价方式以追求利润的最大化。

（11）利润来源。云储能提供商可以充分利用用户的储能使用需求在时间上的互补性，其所投资的储能设施的容量可以显著低于所有用户购买的云端电池容量的加总。而用户购买云端电池容量使用权所缴纳的云储能服务费是云储能提供商的收入，这就给云储能提供商提供了利润空间。虽然云储能提供商实际投资储能容量低于用户购买云端电池容量会导致云储能提供商运行成本增加，即其需要在储能装置电量不足以满足用户放电需求时从电网购买高价的电能以供用户使用，但是这种情况不经常发生，并且这部分增加的运行成本可以被云储能提供商减小容量投资所带来的收益完全覆盖。云储能提供商通过权衡投资成本和运行成本实现总成本最小化。此外，由于云储能提供商可以投资建设集中式的储能装置，因此可利用规模效应降低单位容量投资成本，进一步扩大利润。

（12）裂变模式。目前对于云储能的研究主要在于储存电能，随着未来商业模式的铺开以及相关研究的推进，云储能也可能会涵盖储热、储气等领域。

综上所述，云储能商业模式主要体现为实现储能资源的共享，服务于用户；就功能定位而言，云储能强调其储能设施的本质是满足用户的需求，用户和云储能提供商都是零售市场的主体；就盈利模式而言，云储能的收入来源于其向用户收取的云储能服务费；就负荷的可控性而言，云储能不试图控制用户负荷；就分布式电源依赖性而言，云储能只要保证零售电价随时间变化即有盈利的可能。

7.1.3　云储能运营定价机制

价格机制设计是联系云储能提供商和用户的关键，是云储能模式盈利性的根本保证。为了促进云储能模式的快速发展并提升社会福利，云储能的服务定价必须在保证云储能提供商利润的基础上让用户相较于不使用云储能的情形获得一定的收益。云储能服务定价的方法主要可以分为三类，分别是按容量定价、按流量定价和按套餐定价。

按容量定价指云储能为用户设定单位千瓦和单位千瓦时的云储能服务费价格，用户按照自己实际储能需求向云储能提供商购买一定时期内一定容量的云端电池使用权。由于用户在使用云储能之外还有一种潜在的选择就是自己投资建设实体的储能，因此为了吸引用户使用云储能而非投资实体储能，在按容量定价时，云储能单位容量年度服务费应不大于投资实体储能的单位功率容量投资成本年值。为了确定云储能服务费的价格，云储能提供商首先需要得到用户的储能容量需求曲线。云储能提供商可以采用优化的方法对不同的云储能服务费价格下用户的最优投资决策进行模拟，进而可以得到用户的云储能需求曲线。根据用户的云储能需求曲线，云储能提供商可以依据其市场竞争集中度的大小，找到定价与销售量的最优点实现利益的最大化。

按流量定价是受到移动互联网模式启发而产生的一种新的定价模式。这种定价方式可以让用户实现"用多少，付多少"的消费模式，云储能提供商依据用户每次向云端电池中存入的能量的多少而收取相应的费用。在这种定价模式下，云储能提供商要计算出在不同的储能设施荷电状态和不同的电价下满足用户存储和释放单位电能的需求所产生的成本，进而形成云储能按流量定价的分段或连续价格曲线。值得指出的是，受储能设施容量规模的限制，云储能服务流量定价无法做到"量大价优"，而且单位流量价格会随着使用量的增加显著上升。这种定价策略可以抑制用户的非理性的储能使用需求，最终能够保护云储能提供商和用户的共同利益。

云储能服务的定价还可以使用套餐定价的方法。云储能提供商需要挖掘用户的用电行为和储能使用的历史数据，对大量用户的储能使用的特点进行梳理和分类。在此基础上，针对每类用户开发不同的云储能服务套餐并给予相应的使用奖励和优惠措施。不同的套餐可以设定不同的云端电池参数，有些套餐可以是"功率型"，有些可以是"能量型"，还有些可以是"平衡型"。在套餐定价中，还可以考虑引入"可靠性"，对于需要保证云端电池时刻都可以充放电的用户，其云储能服务费可以设定得比较高，而对于接受在一天中的某些尖峰时刻不能使用云储能服务的用户，其云储能服务费可以设定得比较低。

通过利用不同用户对于云储能服务的可靠性要求不同的这一特点，可以进一步增加储能设施的利用效率。此外，套餐定价也可以综合容量定价和流量定价的特点，即同一套餐中既包含容量定价的部分又包含流量定价的部分。本质上，云储能服务按套餐定价的方法就是一种价格歧视的策略，最大限度地让用户使用云储能，从而使云储能提供商获得利润。

7.2　充电站快充服务

7.2.1　基本理念

充电站建设即是综合能源企业转型的战略措施之一。与普通公交车相比，纯电动新能源公交车具有零污染、噪声小、易保养、能量利用率高等特点，其绿色、环保的特点符合当前的城市发展要求。电动汽车充电模式可分为换电模式、有线慢充充电模式、有线快速充电模式和无线充电四种模式。其中，有线快速充电时间短，可充分满足用户长时间及较远行驶距离的使用需求。

快速充电是以较大电流短时间在电动汽车停车 20min~2h 内（具体的充电时间由电动汽车动力电池的接收能力而定），为其提供快速充电服务，一般充电电流为 150~400A。充电时间短；充电电池寿命长（可充电 2000 次以上）；没有记忆性，可以大容量充电机放电，在几分钟内就可充 70%~80% 的电；由于充电在短时间内（约为 10~15min）就能使电池储电量达到 80%~90%，与加油时间相仿，使电动汽车使用起来非常方便。

该种充电方式适用情况有：电动汽车的日平均里程大于电池的续驶里程（如 200km），需在车辆运行的间隙进行快速补充电，来满足运营需要；比如公交车、出租车等运营车辆日平均行驶里程在 300km 左右，则还有 100km 左右的电量需要在峰、平时段通过快速充电的方式进行补充。

7.2.2　充电站快充运营模式

充电站快充主要适用于公交车等，因此本书主要集中分析电动公交车运营模式。伴随着公交电动化工作的逐步开展，城市公交电动车逐渐增多，公交充电桩建设任务相当艰巨，充电桩技术要求也要相应提高。经调研，目前电动汽车充电基础设施建设运营的商业模式主要有电动汽车制造厂商主导模式、电网企业主导模式和第三方建设运营企业主导模式。

1. 电动汽车制造厂商主导模式

充电站是由电动汽车制造厂商主导的模式，由制造公司投资建设"超级充电站"，站点主要建设在位于大城市之间的高速公路旁的服务中心和城市商业中心附近，为其旗下的电动汽车提供充电服务，且该服务为永久免费服务。作为补充制造厂商还向消费者随车附送了一台壁挂式交流充电桩，用户只需要拥有一个固定车位，与物业沟通后即可由第三方团队有偿安装。运营模式如图 7-4 所示。

该模式的优势在于能够充分保证充电服务的质量，给客户提供更佳的服务体验，能够帮助生产企业推广电动汽车，解决购买电动汽车用户的后顾之忧，但服务对象仅限购买该品牌汽车的客户，客户群较为狭小。

2. 电网企业主导模式

电网企业主导的模式，即由电网公司在变电站附近建设和运营公交车充电站，供公交充电使用，公交公司可按每度电服务费支付费用给电网公司，未来也可计划征收一定数额的充电服务费。电网企业建设运营充电站的运营模式如图 7-5 所示。

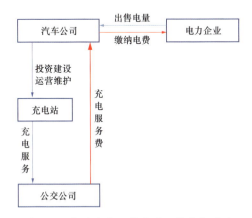

图 7-4 电动汽车厂商建设运营充电站的
运营模式

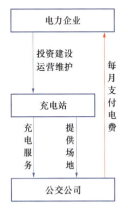

图 7-5 电网企业建设运营充电站的
运营模式

该模式一是由电力企业主动充电服务，具有在充电站规划电力来源和电力传输网络上的天然优势；二是电力企业可以从下属公司采购充电设备，在设备及数据反馈等方面具有及时和快捷的优势。

采取这种合作模式，双方实现了优势互补，为城市公交的转型发展探索出一条崭新的道路，也为改善生态环境、控制大气污染、节约能源、提升城市形象贡献了一份力量。

3. 第三方建设运营企业主导模式

公交充电站是由第三方建设运营企业主导的模式，政府通过特许经营的方式，将第三方企业作为运营商引入，公交充电站均由该企业投资建设并负责运营维护。该企业通过"燃油对价"的方式赚取同里程下形成的油电差价，即公交公司按照传统燃油大巴的标准，计算行驶里程所需的等价燃油费支付给该运维企业。第三方建设运营充电站运营模式如图 7-6 所示。

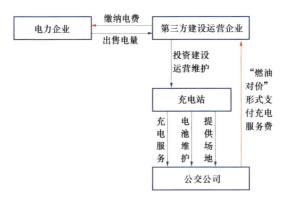

图 7-6　第三方建设运营充电站运营模式

　　该模式的优势在于第三方建设运营企业通过获取优质的公交公司和出租车公司等客户资源，保证了长期稳定的收益，但该模式需第三方运营企业有足够强大的资金实力作为支撑。

　　4.电力企业 + 运营公司模式

　　由电力企业主导建设，并与企业签订短期或者长期运营合作合同形式，从而解决了电力企业在运营方面缺少汽车厂商的销售网络和营销经验。电力企业 + 租聘公司运营模式如图 7-7 所示。

　　该模式的优势在于减轻电力企业运营压力，保证了电力企业长期的经济效益，提高了市场灵活性。

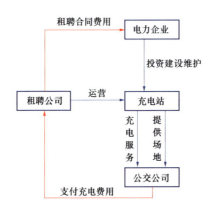

图 7-7　电力企业 + 租聘公司运营模式

7.2.3 充电站快充运营模式实现

基于智慧综合能源站云服务平台，车主可与充电站建立实时在线联系，通过充电 APP 为电动汽车用户提供充电站实时定位，实时掌控充电时间、充电电量，以及充电意外中断、充电预约提醒、故障报警灯充电状态远程监控服务。以提升用户体验为目标。提供各项便利，用户可以随时自由安排、取消、变更充电流程，同时提供灵活的支付方式，增强用户黏性。

而且，智慧综合能源站的建设，提供了能源计量与管理系统，为充电站经营业主提供多种充电容量与速率选择，可通过提供灵活的充电容量以降低运营成本。可为经营业主提供详细的大数据分析，支撑服务水平的提高。为运营方提供每个充电站具体每天的有效利用小时数、高峰利用率、充电需求人数、平均充电周期等内容。定期自动生成详细的数据分析报告，有效识别各站点运营情况，提升充电站的运营效率。

7.3 公用管廊综合监控

7.3.1 基本理念

综合管廊将电力、通信、燃气、给排水、热力等市政公用管线集中敷设在同一地下建造的隧道空间内，进行综合开发利用，以节约城市建设用地，美化城市景观。

发挥能源站电缆节点的天然优势，开发综合管廊的综合监控平台，将管廊内的环境与设备监控系统、安全防范系统、通信系统、火灾自动报警系统、地理信息系统的信息采集与联动控制有机地结合在统一的监控中心平台上，以实现对管廊内部设备的远程管理与控制，监管整个管廊的日常运维工作，最大程度保证人员和设备安全。通过管廊综合监控，向电信、燃气等市政公用企业提供信息、监管等服务，获得增值利润。

7.3.2 公用管廊综合监控系统

1.监控系统架构

随着技术的发展，综合管廊逐渐实现为智能互联监控，其系统采用分层设计、统一架构、标准协议、协同管理的整体技术架构，综合管廊监控管理平台结构图如图 7-8 所示。

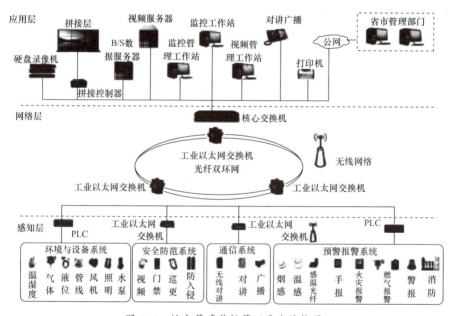

图 7-8　综合管廊监控管理平台结构图

感知层：通过传感器采集整个管廊气体、温湿度、水位、电力、通信数据，实现对整个管廊运行状态的感知，通过风机、水泵、配电、照明、消防实现整个管廊的安全运行。

接入层：提供统一的设备接入服务，提供多种通信终端产品及接入方案，采用统一的数据采集及控制接口模型，支持各种工业通信协议，可实现对各类环境传感器和通风、配电、燃气及排水设备的快速接入。

传输层：采用有线及无线通信网络，分布式消息中间件，实现安全可

靠的双向数据交互，确保各类感知数据的实时采集以及远程控制命令实时
到达和执行，并能连接大数据服务平台。

传输层采用工业光纤双环网组网结构，将视频数据与监控数据（如环
境参数和设备状态数据等）进行分隔，前端系统设备采集的监控和视频数
据分别接入各环网工业以太网交换机，并通过光纤、无线传输网络传输至
监控中心核心交换机，做到视频、监控数据互不影响，从而保证系统网络
的稳定运行，实现数据的高效传输。传输层设备主要由工业以太网交换机、
核心交换机、光纤传输、无线传输设备等组成。

数据层：由消息中间件、数据缓冲服务、数据分析服务、实时数据流
服务服务、NoSQL 数据库平台，依托数据库集群、云计算及大数据技术，
构建智慧管廊大数据处理系统。提供从终端到头端、从设备到业务、从数
据到运营决策的全业务、全数据、全覆盖的整体解决方案。

应用层：依托 GIS、GPS、BIM 技术、三维展示技术、虚拟显示技术以
及移动互联网技术为管廊运营单位提供全方位的应用服务，实现环境及设
备监控、安全防范管理、运行维护管理以及数据统计及效能分析。

应用层是整个系统的核心，主要由服务器、工作站、打印机、智能模
拟显示屏、交换机和声光报警器等设备组成。能够将管廊内全部监测数据、
设备工作状态和监控视频进行分级分层的管理并在大屏幕上实时显示，实
现集中监控，预警报警、历史查询、综合调度和应急指挥等功能，达到综
合管理的目的。

2. 监控系统功能

综合管廊建设是一个系统性工程，不仅要设计合理的管舱，使得城市
服务管道入廊，着重针对但不限于以下管道入廊：天然气管道、热力管道、
给水管道、再生水管道、电力电缆、通信线缆等，还要涵盖消防、供电、
照明、监控与报警、通风等设施。将分散、分段的监管资源集中通过综合管
廊实施和共享，实现管廊监控一个系统的融合局面，实现管廊监控系统的
高度融合，真正实现共享管理、协同治理的格局。为了提高及解决该问题，

提出综合管廊智能监控系统包含四个子系统：环境与设备监控系统、安全监控系统、通信系统以及智慧管廊综合监控凭条。该系统要实现的功能模块，综合管廊智能互联监控系统功能结构如图7-9所示。

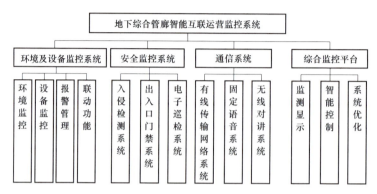

图7-9　综合管廊智能互联监控系统功能结构

（1）环境与设备监控系统。根据运营管理要求，环境与设备监控系统的功能是对管廊内的温度/湿度，气体（O_2，H_2S，CH_4）浓度、集水井内液位、烟感、感温光纤和入廊管线等参数进行监测，监测数据通过相应的通信网络或多功能无线基站向监控管理平台传送；监控平台对接收的参数和状态信息进行实时监视和超阈值报警；根据警情自动或接受监控平台指令启动对管廊内的排水泵、照明、风机、风道阀门、声光报警等设备的单点或联动控制，以保证管廊运行安全。

1）环境监测。环境监控功能需实现对综合管廊全域环境参数实施全程监控，将实时监控信息通过数据采集装置及时传输综合监控平台，便于管理人员及时发现现场环境问题，排除环境异常及时警情的及时处理，保证管廊正常运行。监测的主要环境参数有：温度、湿度、水位、氧含量、硫化氢浓度、甲烷浓度。

2）设备监控。设备监控功能需实现对管廊的通风系统设备、排水系统设备、供电系统设备、照明系统设备以及配套的采集、控制设备状态监控；实现对故障设备的实时警告。同时根据运行要求对这些设备的运行发出相应的指令进行动态调整，如防火分区内照明开关的分合控制等。

3）报警管理。当管廊内出现异常情况时，报警并自动进行异常处理。报警管理功能要求阈值设置，与 PLC 通信，将不同类型报警阈值写入 PLC 中，并实时显示当前报警，当发生报警时，自动弹出报警界面，显示报警位置、报警设备、报警原因、报警时间、实时曲线、当前采取的措施等。同时系统应发出报警声提示用户，并在界面上循环滚动报警信息。当有多个报警同时发生时，可切换查看报警信息。当有多个报警同时发生时，可切换查看各报警的详细信息。此外，报警应有延时性，即当采集值持续超出阈值一定时间后，比如 2s，才认为是有效报警，避免仅瞬间超阈值而造成频繁报警。

4）联动功能。为了提高运营效率，综合监控系统应汇集各设备系统的信息，实现信息互通和联动，保证对管廊运营安全快速及时做出反应，缩短安全救援时间、减少安全事故损失。

（2）安全监控系统。安全监控功能是实时监视管廊各舱段内设备运行情况，防范非工作人员和异物的非法进入，保证管廊内各设备的运行安全。安全监控系统由视频监控系统、入侵报警系统、出入口门禁系统、电子巡查系统等组成。

1）视频监控系统阵列、监控运维中心软件视频管理模块等组成。系统采用网络信号传输方式，共用主干网络，实现统一的视频信号存储、显示和远程调用等功能；采用低照度高清数字摄像机结合视频服务器、硬盘录像机实现管廊内所有重要节点、防火分区内视频的实时监视、手动／自动切换、录像查询、移动侦测、联动控制等功能。

2）入侵报警系统。入侵报警系统主要由红外双鉴探测器、声光报警器、入侵报警控制服务器和智慧管理平台入侵报警系统等部分组成。红外双鉴探测器是将两种探测技术结合触发报警，可降低单种探测技术对射系统的误报率。其在通风口、人员出入口等易于从外部入侵的位置设置，通过硬线接入就近分区控制系统，信号通过主干网络上传监控平台。当有外部人员进入时，综合监控平台上将显示有入侵的相应区间位置图像闪烁，并产生报警信号，同时调取附近摄像机画面到平台显示。

3）出入口门禁系统。管廊出入口门禁控制系统是建设一个以中央管理系统为中心，以智能 IC 卡为载体，以进出权限为基础，连接并实时对管廊重要风险区域的安全管控。通过 ACU 将数据实时传送到位于控制中心的安保工作站，安保工作站显示相应区间视频画面，并产生语音报警；出入口门禁系统还可对进出管廊重要区域的人员进行记录和权限控制，具有联动控制功能，当有火警时，门禁系统根据应急预案，远程控制打开消防区域电动门锁，以便人员及时疏散。

4）电子巡检系统。电子巡检系统主要通过管廊内部设置的无线传感器等设备进行系统数据信息的采集，并通过无线网络或局域网等传输到系统数据库进行数据的编码、分析与管理，并与环境、设备等业务管理系统互联，最后将系统信息、业务统计分析结果等发布和显示在综合监控平台；可视化巡检系统，能够将沿路巡检画面、重点部位和设备的巡检情况通过 WiFi 无线网络实时上传到监控中心并接受监控中心指令，实现对工作人员巡更工作的有效管理。

（3）通信系统。通信系统由有线传输网络系统、固定语音通信系统、无线对讲系统等组成。

1）有线传输网络系统。是综合管廊现场控制单元（PLC 系统）、网络摄像头、门禁系统等与监控平台间的快速、安全、可靠的数据通道。

2）固定语音通信系统。由光纤电话主机、电话分机、监控中心光纤电话系统服务器等部分组成。为管理人员提供实时语音通信功能，同时可兼做消防电话。

3）无线对讲系统。在管廊控制室建立，通过数字常规信道机、光近端机将信号送入管廊内，在管廊内指定位置放置光纤远端机，输出信号通过漏泄同轴电缆进行覆盖。实现监控中心与无线对讲机的通信，手持终端可在管廊内，亦可在综合管廊监控平台附近通信。

（4）地理信息系统。地理信息系统（GIS）功能是对管廊、管廊内环境监测设备、入廊管线、巡检人员、安全防范、通信等设备的地理位置坐标及形态分布的数据信息进行采集、存储、管理和分析，并将数字信息通过图形化在综合信息显示屏上统一展现。系统应用 GIS+BIM 融合交互技术，在同一个监控平台实现二三维无缝交互，通过全息信息采集，由"一张图"多维度、全方位的显示管廊内设备位置，运行状态、视频监控、处理操作等场景，实现管廊监控管理数字化、可视化。

（5）管廊综合监控平台。管廊综合监控管理平台通过基于物联网网络架构，实现环境与设备监控系统、安全防范系统、通信系统、预警与报警系统、地理信息系统等系统的集成化统一管理；集成系统之间的数据信息交换、应用和共享；系统的预警、报警、联动控制；事件的存储和查询；建立统一的权限管理体系，为各子系统提供完善的安全支撑。

综合监控平台是整个管廊智能运营管理的中心，能提供各分子系统的信息互通和共享，为管廊智能化管理提供软件后台，并能在各种情况下准确、可靠、迅捷地做出反应，及时处理，为对外系统连接提供通信平台，以达到实时监控的目的。所以管廊综合监控平台应包含监测显示、控制、优化的功能。

1）监测显示。通过设置在管廊内部的各种传感器进行数据搜集与分析，对运营环境、设备、安全等各方面进行监测，并将监测数据与设定的标准、变化率等范围偏差以及管廊运营状态显示在监控平台上。如出现运营异常，系统会自动报警并做出应急措施。

2）智能控制。在监控系统内植入命令和算法，可以让系统对综合管廊内部运营环境、设备及其他条件的特定变化做出反应，从而进行远程智能控制。

3）系统优化。对系统管廊内的报警数据或历史记录进行分析、归类，并通过训练深度学习神经网络，实现异常情况智能预警功能，从而大幅提高管廊的使用性能。

7.4　数据服务

7.4.1　基本理念

大数据是以整个数据集合为研究对象的一项综合技术，是传感技术、信息通信技术、计算机技术、数据分析技术与专业领域技术的结合，是对传统的数据挖掘、数据分析技术的继承和发展。随着我国"互联网+"在能源行业的深入发展，所衍生的"互联网+"智慧能源融合互联网的思维和技术，改造传统能源的生产、传输、消费、转换、交易等全产业链，依托能源大数据技术，形成能源与信息高度融合、互联互通、透明开放、互惠共享的新型能源体系。面向"互联网+"智慧能源的能源大数据基本架构由应用层、平台层、数据层以及物理层组成，大数据基本架构如图7-10所示。

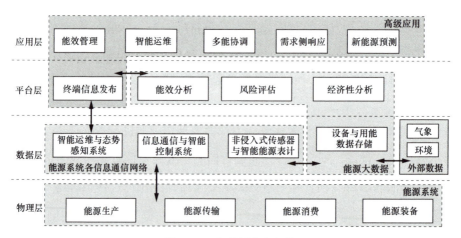

图7-10　大数据基本架构

能源大数据的物理层包括了能源生产、能源传输、能源消费全环节以及每一环节的各类能源装备。通过装设在能源网络和能源装备的传感器装置和能源表计获取系统运行信息及设备健康状态信息，并将数据信息交由智能运营维护与态势感知系统实现数据可视化展示、状态监测、智能预警和故障定位等功能。信息通信与智能控制系统则负责能源系统各环节、各设备间的通信以及控制。所产生的海量数据均与气象环境等外部系统数据一同存储在能源大数据的专用数据库中，以进一步加工并用于能效情况评价、风险辨识评估以及能源经济利用分析等功能中。基于能源大数据技术可实现能源生产侧的可再生能源发电功率的精准预测并协同电—气—冷—热的多样化能源优化配置；在能源传输侧实现智能化的能源网络在线运营维护，有效监控能源系统的运行状态，自动辨识故障位置；为能源消费侧的用户提供能效分析与能效提升服务，并可整合能源消费侧的各类负荷资源，实现需求侧响应，充分提高能源利用效益。

7.4.2　数据资源服务

智慧综合能源站，强化源网荷储协同控制，实现分布式电源、电动汽车、储能等客户侧新型用能设备的协调互动，建设智能运营子系统，提供智慧能源服务，提高配网设备利用率，促进清洁能源消纳，提升公司综合能源服务水平。智慧综合能源站具有较强的大数据集成系统，将大数据与能源互联网紧密结合，可实现如下服务：

（1）智慧车联网。通过采集系统，实现电动汽车充、放电量监控，不断完善监控事件的类型，具备停电事件、开盖事件等主动上报功能。与智慧综合能源站实现数据共享，可以对充电桩实现状况管理。通过监控电动汽车的实时用电情况，对电能余量、目的地里程等进行统计分析，向用户推送低电量提醒及最近充电桩情况，推荐最优行驶方案，保障电动汽车"出行无忧"，提高用户体验舒适度。

（2）光伏云网。建设开放共享、国际领先的分布式光伏云网，利用智能用电终端实时采集光伏发电用户的用电及发电数据，全面贯通云网与电力企业内部营销业务应用系统、财务管控系统，为用户提供政策查询、光伏智能选址、并网接电、线上结算支付、分布式光伏代维、光伏设备运行监控、金融服务、信息分析、趋势预测和效益评估等更优质、全面的服务项目，构建光伏能源生产和消费主体灵活接入、广泛互联、协调互动的能源互联网。

（3）数据资源共享。利用服务站数据中心软硬件资源，为供区内企事业单位提供云计算租用或基础设施托管。

云计算租用：利用服务站完善的机房环境和计算能力，向供区内单位提供云计算租赁服务，按照计算资源和数据量大小收取租金，具体有两种模式。

1）服务商提供所有数据资源，用户自行分析，所需软硬件资源均由服务站数据中心提供。

2）用户只需要提交计算需求，服务商向用户提供数据分析结果。

基础设施托管：利用服务站完善的机房环境和专业的运维能力，向供区内单位提供基础设备托管服务，运维保障由服务站完成，具体有三种模式。

1）服务商仅提供场地，设备及运维服务由用户自行负责且向服务商提供相应的场地租金。

2）服务商提供场地和设备，用户需向服务商提供场地和设备租金，用户自行负责运行维护。

3）服务商提供场地和设备且负责进行维护，用户需向服务商提供全部服务的租金。

7.5 电能质量治理服务

7.5.1 基本理念

从严格意义上讲，衡量电能质量的主要指标有电压、频率和波形。从普遍意义上讲是指优质供电，包括电压质量、电流质量、供电质量和用电质量。导致用电设备故障或不能正常工作的电能质量问题包括频率偏差、电压偏差、电压波动与闪变、三相不平衡、暂时或瞬态过电压、波形畸变（谐波）、电压暂降、中断、暂升以及供电连续性等。依据国家标准对上述指标均有一定的限值，以下详细描述。

1. 谐波电压限值

根据国家标准 GB/T 14549—1993，公用电网谐波电压限值见表 7-1。

表 7-1　公用电网谐波电压限值（PCC）

电网标称电压（kV）	电压总谐波畸变率（%）	各次谐波电压含有率（%）	
		奇次	偶次
0.38	5.0	4.0	2.0
6	4.0	3.2	1.6
10			
35	3.0	2.4	1.2
66			
110	2.0	1.6	0.8

注：220kV 电压等级参照 110kV 等级执行。

2. 谐波电流限值

根据国家标准 GB/T 14549—1993，注入公共连接点的谐波电流允许值见表 7-2。

表 7-2　注入公共连接点的谐波电流允许值

标称电压（kV）	基准短路容量（MVA）	谐波次数及谐波电流允许值（A）											
		2	3	4	5	6	7	8	9	10	11	12	13
0.38	10	78	62	39	62	26	44	19	21	16	28	13	24
6	100	43	34	21	34	14	24	11	11	8.5	16	7.1	13
10	100	26	20	13	20	8.5	15	6.4	6.8	5.1	9.3	4.3	7.9
35	250	15	12	7.7	12	5.1	8.8	3.8	4.1	3.1	5.6	2.6	4.7
66	500	16	13	8.1	13	5.4	9.3	4.1	4.3	3.3	5.9	2.7	5.0
110	750	12	9.6	6.0	9.6	4.0	6.8	3.0	3.2	2.4	4.3	2.0	3.7

续表

标称电压 （kV）	基准短路容量 （MVA）	谐波次数及谐波电流允许值（A）											
		14	15	16	17	18	19	20	21	22	23	24	25
0.38	10	11	12	9.7	18	8.6	16	7.8	8.9	7.1	14	6.5	12
6	100	6.1	6.8	5.3	10	4.7	9.0	4.3	4.9	3.9	7.4	3.6	6.8
10	100	3.7	4.1	3.2	6.0	2.8	5.4	2.6	2.9	2.3	4.5	2.1	4.1
35	250	2.2	2.5	1.9	3.6	1.7	3.2	1.5	1.8	1.4	2.7	1.3	2.5
66	500	2.3	2.6	2.0	3.8	1.8	3.4	1.6	1.9	1.5	2.8	1.4	2.6
110	750	1.7	1.9	1.5	2.8	1.3	2.5	1.2	1.4	1.1	2.1	1.0	1.9

注：220kV 基准短路容量取 2000MVA。各次谐波电流允许值参考 110kV 电网。

当公共连接点处的最小短路容量不同于基准短路容量时，谐波电流允许值做如下换算：

第 i 个用户注入公共连接点的第 h 次谐波电流允许值为

$$I_{h\,i} = \frac{S_{k1}}{S_{k2}}(S_i/S_t)^{1/\alpha}\,I_{hp}$$

式中　S_{k1}——公共连接点的实际最小短路容量，MVA；

　　　S_{k2}——基准短路容量，MVA；

　　　I_{hp}——表 7–2 中的第 h 次谐波电流允许值，A；

　　　S_i——第 i 个用户的用电协议容量，MVA；

　　　S_t——公共连接点的系统供电设备容量，MVA；

　　　α——相位叠加系数，见表 7–3。

表 7-3　各次谐波相位叠加系数 α 取值表

h	3	5	7	11	13	9，>13，偶次
α	1.1	1.2	1.4	1.8	1.9	2.0

3. 电压波动限值

GB/T 12326—2008《电能质量　电压波动和闪变》中规定，任何一个波动负荷用户在电力系统公共连接点产生的电压波动，其限值和电压变动频度、电压等级有关。电压波动限值见表7-4。

表7-4　电压波动限值

R (h^{-1})	d (%)	
	LV、MV	HV
$r \leqslant 1$	4	3
$1 < r \leqslant 10$	3*	2.5*
$10 < r \leqslant 100$	2	1.5
$100 < r \leqslant 1000$	1.25	1

注：很少的变动频度 r（每日少于1次），电压变动限值不在本标准中规定。
　　对于随机性不规则的电压变动，依95%概率大值衡量，表中标有"*"的值为其限值。
　　本标准中系统标称电压 U_N 等级按以下划分
　　低压（LV）　　　　$U_N \leqslant 1kV$
　　中压（MV）　　　　$1kV < U_N \leqslant 35kV$
　　高压（HV）　　　　$35kV < U_N \leqslant 220kV$

4. 三相不平衡度

GB/T 15543—2008《电能质量　三相电压允许不平衡度》适用于交流额定频率为50Hz电力系统正常运行方式下由于负序分量而引起的PCC点连接点的电压不平衡，该标准规定：电力系统公共连接点正常运行方式下不平衡度允许值为2%，短时间不得超过4%。而且该标准还解释：不平衡度允许值指的是在电力系统正常运行的最小方式（或较小方式）下、最大的生产（运行）周期中负荷所引起的电压不平衡度的实测值，例如炼钢电弧炉应在熔化期测量等。在确定三相电压允许不平衡指标时，该标准规定用95%概率值作为衡量值。即正常运行方式下不平衡度允许值，对于波动性较小的场合，应和实际测量的五次接近数值的算术平均值对比；对于波动性较大的场合，应和实际测量的95%概率值对比；以判断是否合格。其短时允许值是指任何时刻均不能超过的限制值，以保证保护和自动装置的正确动作。

综上所述，将电能质量控制在一定的范围之内，合理地进行电能质量治理，将能降低线损的增长速度，延长变压器等设备的寿命，同时也保证了电网的安全运行，提高了人们的生活质量。

7.5.2 电能质量治理服务

能源站通过对电网电能质量提供全景监视、治理及智能管理服务，提高供电品质，提升用户体验，拓展盈利渠道。

用电侧增加电能质量治理和监视设备，从交流三相不平衡，电压暂降，谐波，无功角度等多维度质量指标考虑，配电端增加电能质量治理综合装置解决出现的问题，每个治理终端设备通过无线接入本区能源站的数据中心，上送主要电能质量相关信息，实现全网监视。

为了实现电能质量的治理及基于物联网对治理设备进行远程监控。管理员在用户终端通过浏览器访问服务器端应用软件进行客户和设备的管理。移动端应用软件使用 HTTP（Hyper Text Transfer Protocol）协议访问服务器端软件的接口获取客户和设备的信息，获取设备信息以后通过基于 TCP/IP 协议的 Socket 技术和透传云服务器进行通信。通信数据采用 MODBUS 通信协议格式。透传云服务器使用网关 GPRS 支持节点 GGSN（Gateway GPRS Support Node），通过 GPRS 骨干网络和 GPRS 无线终端设备进行通信。GPRS 无线终端设备采用 RS232 和电能治理终端设备进行通信，电能治理终端设备安装在电网中对电能质量进行治理。在重要的公共连接点多处布置电能质量监测装置，电能质量监控系统或模块并对全网的电能质量数据进行全景分析，实现智能管理。

1. 在配电变压器处安装电能质量综合治理装置

配网中的三相不平衡问题始终是较突出的问题：居民中的单相两线线路总是不可避免，尤其是低压分支线路中，单相两线线路占一定比例；群众生活水平不断提高，大功率家用电器大量进入寻常百姓家，单相用户增容具有不可控、大功率单相负载的接入以及单相负载用电的不同时性等情况，造成负荷严重不平衡，三相不平衡对电网和用户都有巨大的危害，比如增加线路的电能损耗，增加配电变压器的电能损耗，配电变压器出力减少，配电变压器产生零序电流，影响用电设备的安全运行，电动机效率降低。不平衡调节治理装置能够根据配网用户由于不同时间段或不同负荷导致的配网三相不平衡电流，利用先进控制算法分离出不平衡电流的正负零序及无功，通过触发功率器件 IGBT，使逆变器发出与之相反的抵消电流，达到消除不平衡及补偿无功的作用。从而保证了电能质量的良好以及用电设备的安全可靠运行。配电变压器处安装电能质量综合治理装置如图 7-11 所示。

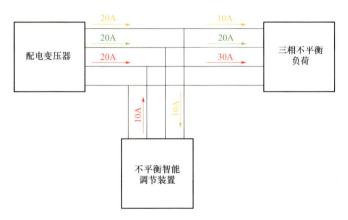

图 7-11 配电变压器处安装电能质量综合治理装置

该装置的治理优点在于：

（1）解决配网三相不平衡，解决变压器单相过载问题，提高变压器带载能力，大幅降低了配电线损。

（2）容性 / 感性双向无功补偿，提高功率因数，提供电压支撑，释放变压器有效容量。

（3）有效滤除 3/5/7/9 等次谐波，稳定系统三相电压，提高供电质量，优化了用电环境。

2. 在重要的观测点配置电能质量监测装置

电能质量监测装置主要应用于多间隔电能质量监测的场合，例如单条母线多条出线的集中监测、双母线多条出线集中监测、单母分段带旁母多条出线集中监测、三卷变集中监测、多电压等级集中监测等。主要用于

1000kV 及以下变电站主变各侧及出线、220kV 及以下重要负荷出线（电铁、工业线路等）、分布式电源接入点等线路电能质量指标的测量，同时可将数据上送电能质量分析主站（数据中心）。观测点配置电能质量监测装置典型应用如图 7-12 所示。

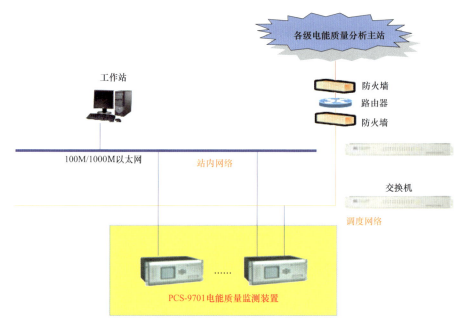

图 7-12　观测点配置电能质量监测装置典型应用

电能质量监测装置测量分析公用电网供到用户受电端的交流电能质量，其测量分析的指标：供电频率偏差、供电电压偏差、供电电压波动和闪变、供电三相电压允许不平衡度、电网谐波应用小波变换测量分析非平稳时变信号的谐波。测量分析各种用电设备在不同运行状态下对公用电网电能质量的影响。将各设备的电能质量状态传输到各级电能质量分析主站。经主站分析存储电压、电流、有功功率、无功功率、频率、相位等电力参数的变化趋势；电力设备调整及运行过程动态监视，帮助用户解决电力设备调整及投运过程中出现的问题。

7.6 电动汽车 V2G 技术

7.6.1 基本理念

充电站不仅可以完成电动汽车的充电任务，还可以将电动汽车中多余的电能反馈给电网，对城市电网将起到缓冲作用，有利于"移峰填谷"，并提高能源的利用效率。电动汽车作为移动电池，可作为储能装置，成为电网的一部分，这就是电动汽车 V2G 概念。

7.6.2 V2G 运营模式

根据中国电动汽车工程学会预测，2030 年我国电动汽车保有量将达8000 万辆，全年总用电需求将达 0.7454 万亿 kWh，峰谷充电负荷约为 1.94亿 kW。利用电动汽车 V2G 技术，实现电动汽车与电网的互动，构建能使多方在安全、经济、效益等方面受益的机制。在 V2G 场景下，海量的电动汽车既可作为用户侧的柔性负荷，又可作为分布式电源设备，帮助调节电网用电负荷、削峰填谷、消纳可再生能源，并为电网提供调频和备用等辅助服务。因此，电动汽车 V2G 技术核心思想就是利用大量电动汽车的储能源作为电网和可再生能源的缓冲。当电网负荷过高时，由电动汽车储能源向电网馈电；而当电网负荷低时，用来存储电网过剩的发电量，避免造成浪费。通过这种方式，电动汽车用户可以在电价低时，从电网买电，电网电价高时向电网售电，从而获得一定的收益。

1. 电网侧

电动汽车不仅是低碳、环保的交通工具，在智能电网时代，电动汽车的分布式储能单元的特性通过充放电站的运营也逐渐为人熟悉。由于相当部分汽车 95% 的时间处于停驶状态，电动汽车车载电池完全可以在停驶时成为分布式储能单元。在 V2G 模式下，电力企业一方面可以提高低谷时大电网负荷率和发电率，改善电网能源结构，增加风电、太阳能光伏发电等"绿电"入网，另一方面还可以减少为了满足高峰负荷时的电网备用发电容量建设，从而能够有效缓解高峰用电压力，具备一定的应急供电能力。

2. 车主侧

电动汽车车主可以在晚上用低谷低价电充电，在白天负荷高峰时，则可以把电池存储的电能高价卖给电网。由于电力泛在物联网的发展，电动汽车可自行选择充电时间及充电状态。充电前，驾驶员可自行选择"即时充电"或预约在夜间半价电时充电，也可以选择一次性自动充满或按时间和电量进行充电，整个过程可独立完成。

综上所述，电动汽车实现 V2G，对于车主而言，能够降低车辆的使用成本；对于电网而言，能够有效缓解高峰用电压力，同时具备一定的应急供电能力；对于环保而言，能够让清洁能源的应用更加充分。从而实现电动车主和电力企业在 V2G 模式下的双赢，可谓节能、环保、低碳、高效一举多得。

V2G 技术的应用，将对纯电动汽车的发展带来巨大的助推作用。

7.7　分布式发电服务

综合利用能源站电力泛在物联网，广泛接入供区内各类分布式发电站，通过能源站智能运营平台对外提供服务，促进可再生能源消纳和发电。目前重点是关注分布式光伏发电。

7.7.1　基本理念

分布式发电是发电方式的一种，是独立于大电网、分散布置在用户端的小型发电系统。对于"小型"的界定，国内学者争论较多，而国外学者对此模糊定义为"几十千瓦到几十兆瓦"，我国国家电网对其定义为 50MW 以下。除小型之外，分布式发电还要求分散布置在负荷现场或者附近，达到使用者随发随用的目的，同时减少了电力耗损。分布式发电的能源来源多是清洁能源和可再生能源。如分布式发电中的光伏电池技术，就是利用可再生的太阳能将其转化为电能；而分布式风力发电则是将风能通过风力机和发电机转化为电能，"风速作用在风力机的叶片上产生转矩，该转矩驱动轮毂转动，通过齿轮箱高速轴、刹车盘和联轴器再与异步发电机转子相联，从而发电运行"。

综上所述，分布式发电是一种与集中发电相对应，独立于大电网，分散布置在用户终端的小型发电系统，其能源来源为天然气、太阳能、风能等。其靠近用户侧，对电网的输配电服务需求较少，分布式发电示意图如图7-13所示。

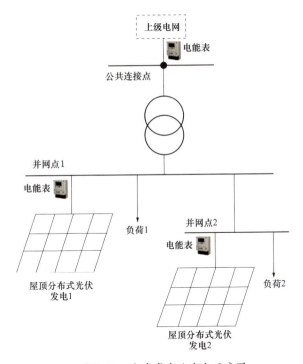

图 7-13 分布式光伏发电示意图

分布式发电单元接入配电网，对于电力系统是一项技术挑战，因为在传统配电网中潮流从高压侧流向低压侧。传统配电网是被动形式的，仅配置较少的测量装置和非常有限的主动控制功能，可自动适应不同负荷组合且无需人工干预。

同时，由于电力需要时刻保持供需平衡，因此分布式发电功率的注入，需要大型集中式发电机组减少相应的功率输出。目前，集中式发电机组不但需实现供电功能，还需提供辅助服务（如电压和频率控制、备用电源等）。此类辅助功能对电力系统的稳定运行至关重要。随着分布式发电的广泛应用，分布式发电系统亦需要提供相应的辅助服务，从而在较少集中式发电机组参与运行的情况下，确保电力系统正常运行。

本质上，分布式发电直接供电给用户，可有效避免附加的输配电成本。然而，这种电网成本的降低主要源于一些发电机组所处的有利地理位置，而在现有的商业和管理构架下，这一优势尚未得到充分认可，导致非传统发电模式与传统发电模式在电力批发市场上纠缠不休，其批发价格可能远远低于近距输电的实际价值。

7.7.2 分布式发电运营模式

本书主要以光伏为代表进行介绍说明。分布式光伏装机小、投资少、地点分散、常常安装在屋顶等地点，更加需要一个公共的智能运营平台提供全生命周期维护服务，掌握项目的运行情况，提高分布式光伏发电管理能力。

从分布式光伏发电的投资和运营主体来看，目前主要以大工业用户、专业化合同能源服务公司、个人等作为项目单位，依托其自有建筑物、场地及设施或与所有人签订建筑物、场地及设施的使用或租用协议，投资建设和经营分布式光伏发电项目。专业化合同能源服务公司一般通过与电力用户签订合同能源服务协议的方式获取收益。

由于分布式光伏主要建设在工业园区、商业楼宇屋顶，多采用"自发自用、余量上网"的模式，居民自然人投资建设的分布式光伏发电项目数量虽然较多，但装机规模总量很小，获取收益的方式是向电网售电，其本质上是接入电网，所以分布式光伏的运行信息接入变电站具备天然的条件。而对于分布式发电市场化交易为传统模式和市场化交易模式并行存在，介绍如下：

1. 传统模式

传统模式交易示意图如图 7-14 所示。

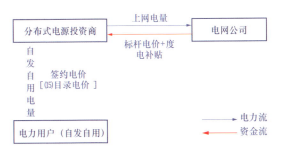

图 7-14 传统模式交易示意图

（1）"自发自用，余量上网"模式。2018 年 1 月 1 日以前投运的项目，对分布式光伏发电实行按照全电量补贴的政策，电价补贴标准为 0.42 元 / kWh（含税，下同）；其中分布式光伏发电系统自用有余上网的电量，由电网企业按照当地燃煤机组标杆上网电价收购。

对于 2018 年 1 月 1 日以后投运的项目，补贴标准调整为 0.37 元 /kWh。此外，分布式光伏自用电量免收随电价征收的各类政府性基金及附加、系统备用容量费和其他相关并网服务费。

（2）对于"全额上网"模式，分布式光伏发电项目按所在资源区光伏电站标杆电价执行。

2. 市场化交易模式

市场化交易模式示意图如图 7-15 所示。

我国已于 2017 年底放开了分布式发电市场化交易试点，允许分布式光伏发电项目"隔墙售电"。分布式发电项目与电力用户进行电力直接交易时，应向电网企业支付"过网费"，由电网企业（含社会资本投资增量配电网的企业）承担分布式发电的电力输送并配合有关电力交易机构组织分布式发电市场化交易。交易范围首先就近实现，原则上应限制在接入点上一级变压器供电范围内。"过网费"核定前，暂按用户接入电压等级对应的省级电

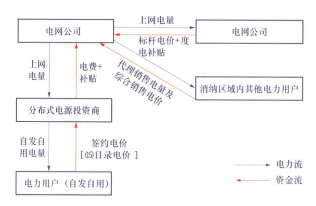

图 7-15　市场化交易模式示意图

网公共网络输配电价扣减分布式发电市场化交易所涉及最高电压等级的输配电价，过网费由电力用户承担。

7.7.3　分布式发电运营模式实现

分布式光伏只要提供符合物联网需求的数据接口，通过利用能源站的计算资源，便可实现一体化监控。

能源站通过数据安全发布，可以实现数据向公网的发布，这样，分布式光伏的业主只要在手机上安装一个APP，即可实现对自己名下资产的事实监视。

更进一步，业主还可以利用供电公司的人力资源，实现代运维，只需要缴纳少量费用，即可实现资产托管，实现投资和产业分离。

分布式光伏发电服务的优势如下：

（1）服用硬件资源，最低成本监视服务。

（2）服用人力资源，最低成为运维服务。

（3）只需要一个APP，即可掌握名下资产生产情况，和证券投资一样简单。

（4）分布式光伏投资者不需要任何的专业技能，只需有安装空间，即可投资分布式光伏发电项目。

（5）实现了投资的"虚拟化"功能，为扩大分布式光伏领域的投资提供便利、扫清障碍。

7.8 综合能源服务

7.8.1 基本理念

在综合能源服务方面，提供能效优化提升解决方案，实现用户能源系统设备级、系统级综合能效提升。在供区内分布式能源、多元化储能、柔性可控负荷等设施虚拟聚合管理基础上，探索虚拟电厂参与电力市场期货交易、现货交易、辅助服务交易、需求侧响应、分布式发电市场化交易方式，实现虚拟电厂交易运营。应用多能服务核心技术，在多能供应服务领域推动能源高效转化利用，满足用户冷热电用能需求，推动综合能源一体化规划及运行优化。通过平台提供的采集计量、监控运维、电网互动、客户服务、账户管理等共享化服务，为电网企业和新兴业务主体赋能，支撑综合能源全寿命周期业务开展，持续提升用户能效水平，打造面向"客户价值"的供区综合能源服务生态圈，扩大综合能源服务生态圈的价值规模。通过探索综合能源服务商业模式，加快综合能源服务的推广和应用，实现智慧综合能源站数据增值和服务变现。

1. 多站合一，精准施策

能源站作为能源综合体，本质上是以客户需求为中心、以服务为导向的一站式能源解决方案。以变电站为依托的能源综合体，其核心是充分发挥变电站的能源配置中心作用，构建支持多能互补的"源—网—荷—储"协同控制区块，最终目的是实现电网企业业务从单一供电向综合能源服务的转变，促进电网企业向综合能源服务商的深度转型。

依托变电站建设能源综合体，有多种方案可供选择。最为便利的选择，是利用变电站的屋顶资源，布置屋顶光伏发电板，建设光伏发电站，产生的电力可供变电站照明、运行和制冷使用，从而减少变电站本身运行所带来的电能损耗和成本损失。

这种"自发自用"的模式只是变电站转型的第一步，在进行设施改造的基础上，变电站还可进一步转型为能源供应站、电力服务站、储能站和电动汽车充电站，并由此成为区域内能源数据的汇集和分析中心，成长为智慧综合能源站。

通过安装燃气分布式电源、热泵和冰蓄冷等装置，变电站可以转型为区域内的能源供应站。利用燃气分布式发电的余热、烟气集中供冷供热，开展"冷热电三联供"，可以降低冷热负荷用电成本，满足用户对冷、热、电的多样能源需求。这一模式可主要针对传统产业工业园区、医院、高校等用户。

在对电能质量有特殊需求的新兴产业园区（如芯片制造业、半导体制造业）、计算中心、重要保电用户等区域内，变电站还可被改造为电力服务站。通过安装电能质量调节装置，变电站可为用户提供定制化供电套餐，减少用户因电压暂降、三相不平衡、谐波、频率波动等问题带来的生产损失。

对于电网侧和用户侧储能的发展而言，变电站也是重要的基础设施资源。在变电站安装飞轮、电化学等储能装置建设储能站，可提高用户的供电可靠性，减少用户容量电费，并进行峰谷套利，方便用户在条件成熟时参与电力辅助市场交易，兼顾电网侧和用户侧储能价值。这一模式对生产呈现尖峰特性、对供电可靠性要求较高的工业用户具备较强的适用性。

此外，还可以安装充电桩和停车位，在变电站建设电动汽车充电站，开展电动汽车充电、租赁业务，扩大充电服务市场，提高用户黏性，通过收取充电服务费、停车费等保证变电站的合理收益。

无论是能源供应站、电力服务站，还是储能站或电动汽车充电站，其产生的大量数据资源都可成为变电站的重要核心资源。在变电站内建设数据中心，开展用户能效监测、智能分析，可以实现能源的互补协调，优化控制和全景展示，将能源综合体打造为本区域"能源流 + 数据流 + 业务流"的协调控制中心，通过大数据分析为用户提供用能建议、制定节能方案。

建设能源综合体，在试点阶段可开展上述"多站合一"式建设，后期推广阶段可结合实际情况进行要素选取。要素的选择，一方面要考虑变电站周边用户的用能需求和用户特点，另一方面也要兼顾变电站本身的占地面积和电气设计可扩展程度。对于打算开展三联供的变电站，还要考虑天然气管道的覆盖程度、气源保障能力等。

需要指出的是，对于一些地理位置相对较近、供电服务用户相对集中的 2~3 个变电站，可选择不同的要素分别建设，然后"抱团"开展能源协调调度，共同满足所在地区的用户需求，起到节省用地、提高装置利用率的目的。

2. 一专多能，一举多得

变电站不仅是电力传输和配送的技术主体，作为一种重要的基础设施，还具备多方面的公共性特征。将变电站逐步转型为能源综合体，不仅有助于提升变电站本身的运行管理质量，还能成为社区内多种资源、多方主体的黏合剂，从而提升整个区域的能源运行效率。

建设能源综合体，首先可以推进变电站本身的建设。通过科学利用预置舱、标配式设备，可提高变电站施工效率和工艺水平，同时，通过引导制定相关设备标准，能够促进综合能源相关设备制造业的良性发展。

在综合能源业务方面，通过建设屋顶光伏、三联供、冰蓄冷、充电桩等设施，可降低变电站能耗，增加用户用能选择，扩大电动汽车充电市场，发挥城市变电站靠近用户的天然地理优势，增大用户黏性，提高综合能源业务的市场占有率。

在土地资源利用方面，建设能源综合体能够有效利用现有变电站的土地资源。通过在传统的变电站内部布置多样化综合能源装置，可实现变电站由单一供电功能向多种能源供应功能的转变，在生产要素上实现"一专多能"，从而进一步打破行业壁垒，带来能源供应体系的又一次突破。

变电站的发展转向，也是增量配电改革的一次机遇。将有条件的园区供电变电站改造为能源综合体，向园区内的工业用户提供冷、热、气、高品质电力等多能服务和一站式解决方案，可提高用户的能效水平，降低用户用能成本，减少因能源品质问题带来的用户损失。

3. 多要素考量，多方共赢

本质上以客户为中心，操作上结合具体实际，路径上选择有利策略，目标上实现互利共赢，以上四点，是能源综合体建设应坚持的四个原则。以上述原则为指导，能源综合体应重点考虑以下因素：

（1）地址和要素的选择。能源综合体所选择的变电站，无论新建还是改造，应尽可能地靠近用户负荷中心，以减少能源在传输过程中的损失，为用户的使用提供便利。因此，处于城市中心、接近工业园区或是在园区内部的用户站应是能源综合体的首选。在规划选址方面，需要充分调研园区和用户的用能特性和用能需求，选择合适地点进行能源综合体的改造或新建，合理匹配能源综合体的建设要素并对综合能源装置进行容量优化。

在要素的选取上，应该对周边的用户用能需求、用能特点进行充分的调研。对于工业园区，按照离散制造业（通信设施、航空航天、电子设备、机床、汽车、家电、玩具、服装等）、过程工业类（电力、冶金、化工、建材、造纸、食品、医药等）、新型研发产业类（电子信息、新材料、生物技术、节能环保、新能源等）进行合理划分。在调研基础上，根据不同用户类别，设置不同应用场景，开展不同综合站的典型设计。

（2）建设方案的考量。能源综合体对应已建好的变电站（存量变电站）和计划新建的变电站（增量变电站），因此，能源综合体的建设方案主要分为改造方案和新建方案两种。对于改造方案，除了根据不同应用场景选取相应要素之外，还要考虑变电站的占地面积、一次设备的可利用间隔等。对于新建方案，在设计变电站的过程中，除了传统的输变电工程设计，还要为综合能源设备预留出可扩展的占地和间隔，在选择综合能源设备时，应本着占地小、施工效率高、替换方便的原则，更多地采用预置舱、标配式的设备。此外，对于开展能源综合体"抱团"的应用场景，可在新建变电站中布置协调调度和控制设备，成为"抱团"综合体的"主站"，其他改造变电站作为"子站"，进行"主-从"控制。

针对不同的应用场景，能源综合体应具备不同的典型设计方案，探索预制舱、装配式设备与传统输变电设备的融合衔接，涉及"冷热电三联供"的应用场景需要研究气源和现有带电设备的安全距离和设计标准，保证能源综合体的安全运行。

（3）用能方案的制定。用能方案应以需求为导向，为用户制定差异化方案，在价格上应具有市场吸引力。利用燃气发电余热、烟气集中供热供冷降低供热、供冷成本，采用合同管理方式，引入储能等手段降低专线用户需量电费，用技术经济手段引导削峰填谷，降低用电成本。

（4）商业模式的打造。能源综合体的改造和新建过程中应考虑与变电站周围的土地拥有方、用户开展合作，开展能源综合体共建、合同能源管理和收益共享。对于一些可移动式、标配式装备，可考虑与设备生产厂商开展合同租赁，提高设备利用率和设备周转效率，打造综合能源服务生态圈。

为确保能源综合体的经济技术可行性，应优选技术好、造价低、质量优的方案。研究能源综合体不同的商业模式，探索采用租赁、能源合同管理等方式降低能源综合体的建设和运行成本，提高能源综合体的收益。

建设能源综合体、开展一站式综合能源服务，无论从社会提质增效方面还是从企业发展转型方面都具有重要意义。应该指出，建设能源综合体不能仅依靠单方的力量，还应该成为社会、政府、企业、用户的共识，通过各方广泛合作、相向而行，才能最终确保能源综合体达到建设目标，真正满足各方对更高品质能源和更高质量发展的期待。

7.8.2 电网的再定位与智慧综合能源站构想

从单一供电升级为综合供能，应以变电站为载体，构建以电为中心的集成功能系统，打造综合供能体，在一定范围内实现能源的产销平衡，满足终端用户的多种使用需求。通过提供优质供能服务，培养用户黏性，定制整体解决方案，提供能源相关的工程、运营、金融等增值服务，延伸产业链，形成新的利润增长点。

从供给侧到需求侧。利用电网特性，以变电站为载体，集成大电网电能、分布式光伏和燃气、储能及充电装置等，构成支持多能互补的"源－网－荷－储"协同控制区块，构建智慧综合能源站。通过智慧综合能源站这一能源配置中心，提高综合能效，加速电能替代，平滑电力需求，一站式响应用户供电、供冷、供热等基本能源及增值服务需求，强化核心竞争力，打造独特的商业运营模式。

新形势下，智慧综合能源站将成为多种商业模式的发展载体，这些商业运营模式贯穿"源—网—荷—储"整条价值链，可以独立存在也可以组合使用。

（1）一站式综合能源服务。按照用户群分类，试点先行、逐步铺开。位于商业区的变电站铺设屋顶光伏，供站用电及临近商场使用。有条件者可在变电站旁安置充电桩，供顾客使用，收取充电服务费和停车费。选择部分冷量稳定的区域安装冰蓄冷装置。位于工业园区的变电站，除铺设屋顶光伏外，通过冷热电三联供，为园区用户削峰填谷，在提供峰荷用电保障同时，利用排放余热来制冷。位于机场、火车站等大型交通枢纽附近的变电站，可提供充电桩基础设施或租赁服务。电网企业提供场地和充电设施，车企或租车公司提供车辆、技术及服务。选择部分冷量稳定的区域安装冰蓄冷装置。位于大型居民小区附近的变电站，有地面条件的可安装充电桩、配置集中充电站，以此调节电网负荷，并收取充电服务费、停车费、赚取电价差收益。

（2）高可靠性服务。智慧综合能源站由大电网、分布式能源、储能系统协同供电，构成区域微网。尤其对重要用户和对供电可靠性有着较高要求的用户（如数据中心、医院、高科技企业等），在大电网故障时能确保可靠的电力供应，获取高可靠性电价收益。

（3）电力现货市场。在未来现货市场开放的电力市场环境下，智慧综合能源站将具有更高的灵活性，日前基于预测数据响应系统优化调度、日内利用电网内更新的实时数据，充分发挥分布式能源边际成本较低的竞争优势，获取经济激励。

（4）合同能源管理。通过能量管理系统记录并分析用能数据，结合电价政策生成充放电策略。配置由智慧综合能源站统一控制的储能装置，通过低谷蓄电、高峰放电，减少用户高峰用电、削减需量电费，通过合同能源管理与用户分享收益。

（5）充电服务市场。根据用户充电习惯、行驶半径和线路等要素，利用电网布局特点，建设具备充电功能、网络覆盖、便捷使用特性的智慧综合能源站。综合常规充电、快充、慢充等方式，提供电动汽车租赁及储能服务，打造新型共享经济。

参 考 文 献

[1] 张国荣，陈夏冉. 能源互联网未来发展综述 [J]. 电力自动化设备，2017，37（1）：1–7.

[2] 孙宏斌，潘昭光，郭庆来. 多能流能量管理研究：挑战与展望 [J]. 电力系统自动化，2016，40（15）：1–8.

[3] 余晓丹，徐宪东，陈硕翼，等. 综合能源系统与能源互联网简述 [J]. 电工技术学报，2016，31（1）：1–13.

[4] Rifkin J. The Third Industrial Revolution: How Lateral Power is transforming energy, the economy, and the world[M]. New York: Palgrave Macmillan,2011.

[5] 贾宏杰，穆云飞，余晓丹. 对我国综合能源系统发展的思考 [J]. 电力建设，2015, 36（1）：16–25.

[6] 余晓丹，徐宪东，陈硕翼，等. 综合能源系统与能源互联网简述 [J]. 电工技术学报，2016，31（1）：1–13.

[7] 温启良，陈华锋. 电网企业向综合能源服务企业转型的研究 [J]. 产业观察，2018，（12）：208–209.

[8] 栗源. 电网企业综合能源服务公司运营模式研究 [J]. 中国信息化，2018，（4）：88–89.

[9] 杨沛然，辛力. 多措开展综合能源服务 [J]. 基础管理，2018，（10）：66–67.

[10] 封红丽. 国内外综合能源服务发展现状及商业模式研究 [J]. 产业观察，

2017，（6）：36–42.

[11] Alex Q.Huang, Marlesa L.Crow,Gerald Thomas Heydt. The Future Renewable Electric Energy Delivery and Management(FREEDM) System: The Energy Internet[J]. Proceedings of the IEEE,2011,99（1）:133–148.

[12] 吴建中 . 欧洲综合能源系统发展的驱动与现状 [J]. 电力系统自动化，2016（5）：1–7.

[13] EUROPEAN COMMISSIONA. Policy framework for climate and energy in the period from 2020 to 2030[R]. Brussels，2014，15 final.

[14] 尹晨晖，杨德昌，耿光飞 . 德国能源互联网项目总结及其对我国的启示 [J]. 电网技术 , 2015,39（11）：43–44.

[15] BDI Initiative. Internet of energy–ICT for energy markets of the future, BDI No.439[R].Berlin: Federation of German Industries, 2008.

[16] Tsoukalas L H, Gao R. From smart grids to an energy internet-assumptions, architectures and requirements[C] //Proc of IEEE DRPT'08. Piscataway,NJ:IEEE, 2008: 94–98.

[17] 李扬，宋天立，王子健 . 基于用户数据深度挖掘的综合能源服务关键问题探析 [J]. 电力需求侧管理，2018,1（3）：1–5.

[18] 刘世成，张东霞，朱朝阳，等 . 能源互联网中大数据技术思考 [J]. 电力系统自动化，2016，40（8）：14–21.

[19] 张涛，张福兴，张彦 . 面向能源互联网的能量管理系统研究 [J]. 电网技术，2016，40（1）：146–155.

[20] 张宁，王毅，康重庆，等 . 能源互联网中的区块链技术：研究框架与典型应用初探 [J]. 中国电机工程学报，2016，36（15）：4011–4023.

[21] 汤芳 . 拥抱物联网综合能源服务前景广阔 [J]. 国家电网报，2019，8（5）：1–2.

[22] 应鸿，张扬 . 综合能源服务知识体系研究 [J]. 浙江电力，2018，37（7）：1–4.

[23] 曹军威，万宇鑫，涂国煜.智能电网信息系统体系结构研究 [J].计算机学报.2013，36（1）:143–167.

[24] 刘静琨，张宁，康重庆.电力系统云储能研究框架与基础模型 [J].中国电机工程学报，2017，37（12）：3361–3371.

[25] 康重庆，刘静琨，张宁.未来电力系统储能的新形态:云储能 [J].电力系统自动化，2017，41（21）：2–16.

[26] 莫思特，刘天琪，曾琦，等.基于云储能和云发电技术的集中控制云电网系统研究 [J].四川电力技术，2018，41（4）：28–31.

[27] 曾繁鹏，方壮志，闵卫东.基于云平台的用户侧储能微电网系统架构、运行模式及收益分析 [J].中国科技投资，2019，（11）.

[28] 刘娟娟，曹胜兰.电动汽车充电桩运营模式研究 [J].科技管理研究，2016（6）：89–91.

[29] 杨雪佳.电动汽车充电桩运营模式研究 [J].科技资讯，2016（9）：81–83.

[30] 严勤，曾洁.电动汽车的充电模式及充电设施建设运营模式研究 [J].电力大数据，2018（1）：1–10

[31] 刘娟娟.电动汽车充电桩运营模式研究 [D].上海：大连海事大学，2015.

[32] 是伟刚.新能源汽车商业模式探究 [J].上海汽车，2015（6）：33–45.

[33] 张东霞.城市综合管廊综合监控平台功能设计 [J].技术与应用，2017（10）：44–47.

[34] 兰骏.城市综合管廊管控平台设计 [J].数字化用户，2017，23（23）：199–200.

[35] 童丽闺.基于物联网与 GIS 的地下综合管廊智慧管控平台 [J].科技资讯，2017，15（25）：16.

[36] 贾志恒，陈战利，李雯琳.城市地下综合管廊的现状及发展探索 [J].江西建材，2016（22）：6–7.

[37] 梁荐，郝志成.浅议城市地下综合管廊发展现状及应对措施 [J].城市建筑，2013，（14）：286–287.

[38] 蒋硕 . 城市地下综合管廊 PPP 项目风险评价与应对研究 [D]. 成都：西华大学，2018.

[39] 谭忠盛，陈雪莹，王秀英，等 . 城市地下综合管廊建设管理模式及关键技术 [J]. 隧道建设，2016，36（10）：1177–1189.

[40] 刘红燕，唐振，麦佩珊 . 基于电力大数据的信息增值服务模式研究 [J]. 电子技术与软件工程，2018，（24）：170–171.

[41] 李丹，沈皓，孙薇 . 基于"互联网＋电力营销"模式的探索与实践 [J]. 电力需求侧管理，2016，18（1）：127–128.

[42] 周玲，李飞，黄渊军 . 运用电力大数据分析全面提升客户服务质量 [J]. 机电信息，2018（33）：166–167.

[43] 纪东旭 . 大数据环境下的电力客户服务数据分析系统研究 [J]. 科学与信息化，2017，（3）：36–37.

[44] 周文琼 . 大数据环境下的电力客户服务数据分析系统 [J]. 计算机系统应用，2015，（4）：51–57.

[45] 刘丹，曹建彤，王璐 . 基于大数据的商业模式创新研究—以国家电网为例 [J]. 当代经济管理，2014，36（6）：20–26.

[46] MICHAEL S. HOPKINS.Big Data, Analytics and the Path From Insights to Value[J]. MIT Sloan management review，2011，2（2）：21–22

[47] JAMES MANYIKA, MICHAEL CHUI, BRAD BROWN. Big data: The next frontier for innovation, competition, and productivity[R]. McKinsey Global Institute，2012.

[48] 陈文基 . 商业模式研究及其在业务系统设计中的应用 [D]. 北京：北京邮电大学，2012.

[49] 林桂平 . 电能质量问题探讨 [A]. 第十六届电工理论学术年会论文集，2004.

[50] 刘博 . 基于模糊逻辑的电能质量暂态扰动分类研究 [D]. 哈尔滨：哈尔滨工业大学，2016.

[51] 李栋 . 电能质量远程在线监测系统的开发 [D]. 郑州：郑州大学，2015.

[52] 王静 . 统一电能质量调节器畸变量检测及跟踪控制策略研究 [D]. 济南：山东大学，2015.

[53] 蔡娜娜 . 面向风电并网的风电场电能质量评价模型研究 [D]. 保定：华北电力大学，2015.

[54] 李科 . 优质电力园区供电电源与多电能质量装置协调性研究 [D]. 保定：华北电力大学，2015.

[55] 曹光宇，金勇，等 . 国外 V2G 模式的发展现状分析统 [J]. 上海节能，2017（3）：115–120.

[56] 张斌 . 微网中 v2g 控制运行策略 [D]. 天津：天津理工大学，2017.

[57] 刘晓飞，张千帆，崔淑梅 . 电动汽车 V2G 技术综述 [J]. 电工技术学报，2012, 2（2）：121–127.

[58] 翁国庆，张有兵 . 多类型电动汽车电池集群参与微网储能的 V2G 可用容量评估 [J]. 电工技术学报，2014, 29（8）：36–45.

[59] 汤佩文 . 基于 V2G 技术的电动汽车充电桩双向功率变换器控制策略的研究 [D]. 南京师范大学，2018.

[60] 夏娟娟 . 电动汽车充放电模式对电网日负荷曲线的影响分析 [D]. 长沙：长沙理工大学，2014.

[61] 梁振锋，杨晓萍，张娉 . 分布式发电技术及其在中国的发展 [J]. 西北水电，2006,（1）：51–53.

[62] 李发文 . 分布式光伏发电投资建设运营模式研究 [J]. 中国高新技术企业，2016（9）：178–179.

[63] 张宏伟 . 分布式光伏发电投资建设运营模式研究 [J]. 智能建筑与城市信息，2014,（1）：98–103.

[64] 彭科 . 分布式发电技术现状与研究方向分析 [J]. 科技资讯，2010（8）：127–128.

[65] 张然 . 分布式光伏发电的运营模式及效益分析 [J]. 中国科技纵横，2016

（6）：148-148.

[66] 卢德银，屈乐岩 . 分布式光伏发电项目的投运对配电网运行的影响及对策 [J]. 机电信息，2015（27）：173-174.

[67] 周伏秋，邓良辰，冯升波 . 综合能源服务发展前景与趋势 [J]. 中国能源，2019（1）：4-7.

[68] 张治新，陆青，张世翔 . 国内综合能源服务发展趋势与策略研究 [J]. 浙江电力，2019（2）：1-6.

[69] 黄建平，俞静，陈梦，等 . 新电改背景下电网企业综合能源服务商业模式研究 [J]. 电力与能源，2018（3）：344-346.